学校管理職試験

判定者の心をつかむ！

面接合格の全技術

学陽書房

はじめに

「面接は、何を聞かれるかわからないから緊張する」という人がいます。しかし、学校管理職試験の面接で聞かれることは、教育に関係することだけであり、政治情勢や経済情勢のことを聞かれることはまずありません。しっかりとした準備をすることができれば、必ず合格できます。

本書は、面接で出題される問題や評価する要素、マナーなどの基礎知識から、回答の仕方、実際の試験を想定した問答例までを取り上げ、受験者の先生方が行うべき面接対策を解説します。

・管理職試験の受験を決意したが、何から始めたらよいかわからない
・筆記や論文の勉強の仕方はわかるが、面接はわからない
・面接官から評価される回答のコツがわからない
　こんな悩みを持つ方は、ぜひ本書で学び、試験に備えてください。

本書の内容を簡単に紹介します。

第1章は、「面接試験の基礎知識」です。面接官が受験者の何を見るのか、事前調書の書き方などについてまとめてあります。

第2章は、「評価される回答の仕方」です。自己紹介はもちろん、事前調書に関する質問、法規に関する質問などへの回答のコツ、留意点を示しています。

第3章は、「NG回答の改善ポイント」です。「抽象的で曖昧な回答」「現任校を批判する回答」など、面接試験の準備が不十分な受験者にありがちなNG回答を紹介し、改善例を示していますので、参考にしてください。

第4章は、「最新の教育課題に関する質問20」です。「GIGAスクール構想」など、最近のトピックとなっている、出題される可能性が高いものを取り上げています。

第5章は、「学校経営に関する質問25」です。学校管理職が行う仕事の根幹であり、これも聞かれることが多い問題です。

第6章は、「教育課程に関する質問25」です。職務の中で最も重視されるのが、この教育課程についてです。

第7章は、「教職員に関する質問25」です。教職員の管理も、学校管理

職にとって欠かせないものであり、正確な法的知識をもとに答える必要があります。

第8章は、「児童・生徒に関する質問20」です。不登校児童や暴力行為などについて、学校管理職としてどのように対応するのかは、問われることが多いテーマです。

第9章は、「保健・安全等に関する質問15」です。児童・生徒を守ることのできる知識、考えを持っているかを問われます。

第10章は、「受験者の身上等に関する質問10」です。志望動機をはじめ、必ず聞かれる質問ですので、参考にして、しっかりと準備しておいてください。

第11章は、「集団面接・集団討論の攻略法」です。私は校長試験のときに、2次試験で集団討論があり、司会に立候補しました。合格できたのは、このときの積極的な姿勢が評価されたのかもしれません。集団面接や集団討論は、実施していない自治体もありますが、受験方法が変更になる場合もあります。また、個人面接の参考になる内容もありますので、ぜひ一読しておいてください。

なお、本書は『学校管理職試験　面接の合格術』（初版・2014年刊、第1次改訂版・2017年刊）のタイトルを変更し、改訂したものです。

「GIGAスクール構想」「令和の日本型学校教育の構築」「個別最適な学びと協働的な学び」をはじめとする、学校教育をめぐる近年の動きをフォローするとともに、質問に対する的確な受け答えで、判定者の心をつかむ回答の仕方を詳解するという本書最大の特長をタイトルに示すべく、この改訂を機に改題することとしました。

最後に、学校管理職試験を受験するからといって、日常の校務をないがしろにすることは絶対にあってはならないことです。「日々是試験」というような勤務態度で日々の校務に真剣に取り組み、試験に臨んでください。

本書が受験される先生方のお役に立ち、試験に合格されることを心よりお祈り申し上げます。

2022年5月

学校管理職試験研究会会長

久保田 正己

第6章 教育課程に関する質問 25 117

第7章 教職員に関する質問25　143

第10章 受験者の身上等に関する質問 10　　207

第11章 集団面接・集団討論の攻略法　　219

第1章

面接試験の
基礎知識

1 | 面接試験が重視される理由

◆なぜ面接試験が重視されるのか

　学校管理職試験を実施しているほとんどの教育委員会では、面接試験を行っています。

　なぜ、このように面接試験が重視されているのでしょうか。それは、管理職試験が、人物重視の試験だからです。

　面接試験（「口述選考」や「口頭試問」とも呼ばれます）では、受験者が学校管理職としてふさわしいかどうか、管理職としての適性を備えているかを的確に見極めることができます。

　校長・副校長・教頭といった学校管理職は、学校を代表するとともに、たくさんの教職員を指揮・指導して学校運営を行い、児童・生徒を育成する重要な職務です。したがって、一校を担うことのできる責任感や、多くの教職員を管理し、指導する経営者としての能力など、管理職としての適性を十分に備えていなければなりません。

　そのため、面接官は、直に向き合い、面接することによって、数々の質問に対する受け答えの中から、受験者の教育者としての使命感・指導力・人間性、教職員を導く管理職としての英知や情熱、識見などを見極めるのです。

　また、面接官は、ときに圧迫質問といわれるような、かなり厳しい質問をしてくる場合があります。なぜこのような質問をするのかというと、受験者がどのような厳しい環境に立っても、管理職としてしっかりと対応できるのかどうかを見極めるためです。学校の信頼や信用を傷つけそうな場合には、毅然とした不退転の決意が必要であり、そうした資質や能力を受験者が持っているのかどうかを調べたいからです。

◆面接はやり直しがきかない一発勝負

　論文や筆記試験では、時間内であれば書き終えた後に読み直して、不適切なところや間違っているところを書き直すこともできます。しかし、面接試験は、一度話したことを言い直すことが基本的にはできません。

　言葉を選んで、適切な内容を理路整然と話すことが求められます。また、「集団面接」や「集団討論」では、面接官は複数の受験者を比較し、回答の仕方によって、受験者の優劣をつけることになります。受験者にとっては、「個人面接」以上に気の抜けない試験といえます。

　管理職の言葉は、教職員だけでなく、児童・生徒、保護者、地域住民等にとって想像以上の重みを持っています。管理職の1つひとつの言葉が、学校への信頼感を深めていくのと同じように、誤った言葉はたちまち学校への不信感をもたらします。このような重みを持った言葉を使わなければならない職に適しているかどうかを見極めるのが、面接試験です。

◆付け焼き刃の知識、あやふやな言葉は見抜かれる

　面接試験の面接官（面接委員）は、教員出身の教育委員会事務局職員や教員出身以外の教育委員会事務局職員、その他には教育委員、民間人等とさまざまな分野の人材を用いて、受験者が管理職としての能力を持っているかどうかの判定を行っています。したがって、付け焼き刃のいい加減な知識やあやふやな言葉では、面接官に管理職としての能力のなさを見抜かれてしまいます。

　学校が直面している課題は、複雑で多岐に渡ります。また、保護者や地域住民の考え方や意識も多様化しています。こうした厳しい状況の中で、管理職としてさまざまな課題に適切に対処していくために、今後も面接試験が重視される傾向は変わらないはずです。

2 | 面接官は受験者の何を見るのか

　面接試験は「選考試験」です。選考試験とは、受験者の資質・能力が、一定の基準に達しているかどうかを判定する試験です。論文試験や筆記試験では評価できない学校管理職としての力量を、受験者との対話を通して判定します。したがって、下記に挙げる学校管理職に求められる多様な要素が、数多くの質問を通して判断されるのです。

◆知識・理解力

　学校管理職の選考ですので、まず教育基本法をはじめとする教育法規、学習指導要領、中央教育審議会答申、文部科学省・都道府県・政令指定都市教育委員会の通知文書、教育プランや取り組んでいる事業等の知識・理解力を持っているかが判断されます。また、一般的な常識や教養等の知識・理解力についても判断の対象となります。

◆指導力

　学校という１つの組織での企画力・応用力を含めた経営能力・運営能力も判断の対象です。職務上の上司として多くの教職員を管理する力、学校教育目標の達成に向けて教職員を指導する力も必要です。また、児童・生徒や保護者、地域住民への指導力も発揮できれば、信頼される学校をつくり上げることができます。

◆責任感

　学校で行う教育活動に対する責任感を持っていることが必要です。諸活動については教職員が行いますが、管理職が指導力を発揮して推進する必

要があるため、責任転嫁をせず自己責任として対応する潔さが求められます。そのためには、児童・生徒の動き、教職員の動きをしっかりと見つめ、適切かつ的確な指導を行い、責任を果たす力が必要です。

◆判断力（決断力）

学校で何か不測の事態が起きたときの判断力（決断力）も見られています。何か問題が起きた場合は、管理職の適正な判断によって問題の収束を図る必要があるからです。また、判断するためには、精神的・身体的な強さも必要です。ときには職務命令も発せられる強い判断力が求められます。

◆表現力

児童・生徒に対する学習指導・生徒指導、教職員への指導等も行うことから、回答の内容が簡潔・明快であるかどうかも判断されます。明快な回答内容でないと、保護者や地域住民との話し合いなどで、説得力のある表現ができないからです。当意即妙な言い回しなどができる必要もあります。

◆包容力

教職員を包み込むような、人柄や品格を備えているかどうかも判断されます。教職員の訴えに温かな言動で対応し、導いていくことが管理職の役割であり、働きやすい職場の雰囲気をつくり出せるかどうかも重要です。

◆積極性

面接官への受け答えに、明朗・快活さが必要です。どんなときでも管理職が前向きな姿勢を持って行動することによって、教職員も元気になり、教育活動が活発化するからです。どんなに困難な場面に遭遇しても、積極性と明るさを失わない姿勢が必要です。

以上の他に、清潔感を感じさせる服装、真剣な態度、丁寧な言葉遣いなどを総合的に判断するのが、面接試験です。

3 | 面接試験の方法

◆個人面接

　ほとんどの教育委員会で行われているのが、個人面接です。

　個人面接は、多くの場合、面接官は複数（2〜3名）で対応します。そして、例えば、法規に関する質問を聞いてくる面接官Aと、学校教育に関する一般的な質問を担当する面接官Bのように、担当が分かれています。

　面接官Aが質問をしているときは、面接官Bは質問に対する受験者の回答・反応を観察して評価します。途中で役割を交代しながら、質問と観察・評価が同じように続けられます。

　面接官が複数なのは、役割分担の他に、客観的な評価を行うためでもあります。一対一では主観に左右される場合もあるため、より公平・公正な客観的な評価を行うための配慮という側面もあります。

　また、面接官以外にも、監察官と呼ばれる試験官が同席する場合もあります。監察官は質問はせず、受験者の観察・評価を専門に行い、より客観的な判定を行います。

〈一般的な個人面接の会場の例〉

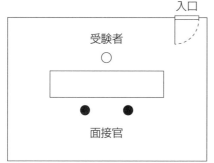

〈監察官がいる場合の会場の例〉

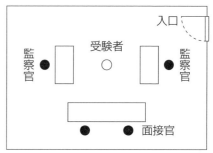

◆集団面接

　集団面接は、受験者が3～5名、面接官が2～4名などで行われます。個人面接では、回答するのは自分一人ですが、集団面接の場合は、回答する順番が順々に入れ替わっていきます。前の受験者の回答をしっかり聞いておいて、重複しないように、違った角度から回答することも面接官に好印象を与えます。そして、回答が冗長にならないようにします。問題に対しての回答を数多く考えることや、他の受験者の意見に惑わされないような細心の注意も必要になります。

◆集団討論

　集団討論は、面接官から提示された問題について、5～6名の受験者で話し合い、2～3名の面接官が評価する形式で行われます。司会を決めて話し合う場合もありますが、司会なしで、最後に受験者がそれぞれ問題に対する考え方を答えて終了する場合もあります。どのような話し合いになっても、他の受験者を批判したり、感情的になったりしないように、冷静に討論に参加することが大切です。また、回答（発言）は、量より質が大切です。まず結論を述べ、その後で理由を説明するといった答え方の工夫も重要です。

〈集団面接の会場の例〉

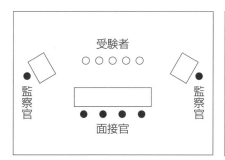

〈集団討論の会場の例〉

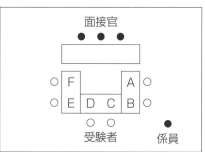

4 | 面接で出題される 問題は大きく3つある

◆身上等に関する問題

1つ目は、身上等に関する問題です。

例えば、「なぜ校長（副校長・教頭）になりたいのですか」といった志望動機をはじめ、長所・短所や教育信条、理想とする学校像などについても問われます。また、現任校に関する情報を聞かれることもあります。

> 面接官 **あなたはどんな校長になりたいですか。**
> 受験者 児童・生徒や保護者、教職員から信頼される校長です。
> 面接官 **そのためには、どうすればよいと思いますか。**
> 受験者 しっかりとした学校経営方針を立てて、日々着実な教育活動を行い、児童・生徒の変容を推進していくことだと思います。

◆校務全般に関する問題

2つ目は、管理職が学校で行っている校務全般に関する問題です。

「校務」ですから、学校教育の管理、教職員の管理、児童・生徒の管理、施設・設備の管理はもちろん、学校全体だけではなく、保護者・地域との連携、市町村教育委員会・行政との連携なども含まれます。

> 面接官 **あなたはどのように教育課程の編成・実施を行いますか。**
> 受験者 教職員の共通理解と創意工夫により、特色ある教育課程を編成・実施します。
> 面接官 **どんな特色のある教育課程にするのですか。**
> 受験者 基礎的な知識や技能の習得をめざし、確かな学力を身に付けること

のできるバランスのよい編成に努めます。

◆教育関係法規等に関する問題

3つ目は、教育関係法規に関する問題です。

教育基本法、学校教育法、学校教育法施行令、学校教育法施行規則、教育公務員特例法、地方教育行政の組織及び運営に関する法律、地方公務員法など、その範囲は多岐に渡ります。中央教育審議会の答申や文部科学省の通知等について聞かれる場合もあります。

さらに、都道府県・市の学校管理規則や校務規程、学校職員の勤務時間、休暇等に関する条例の内容も確認しておく必要があります。

> 面接官 **教育公務員として遵守すべき、職務上の義務を答えなさい。**
>
> 受験者 3つあります。服務の宣誓義務、法令等及び上司の命令に従う義務、職務に専念する義務です。

このような法規に関する知識を問う問題です。これは、1つ目の問題と関連させて聞かれる場合もあります。例えば、次のような具合です。

> 面接官 **あなたの学校には、介護休暇を取っている職員はいますか。**
>
> 受験者 はい、1名います。
>
> 面接官 **では介護休暇について知っていることを述べてください。**

◆その他

各都道府県・政令指定都市が、毎年策定する独自の教育プラン「学校教育指針」の正式な名称、正確な内容、それらに関する各種資料についても出題される可能性があります。

また、「個別最適な学びと協働的な学び」「令和の日本型教育の構築」などトピックとなっている今日的な教育課題のほか、最近では、事故・苦情への対応に関する問題も増えています。

5 面接試験の具体的準備

◆地道な練習こそが合格への近道

すでに述べたとおり、面接試験は準備段階から始まっていると言っても過言ではありません。面接も論文と同じように、しっかりとした準備をして臨まなければ、合格することはできません。

ですから、「面接は、会場で何とかなるだろう」という考えはきっぱりと捨ててください。もし知らないことを聞かれたとき、いい加減な考えやあやふやな知識による回答は、面接官に必ず見抜かれます。

また、答えに詰まってしまうと、頭の中が真っ白になってしまうものです。面接は「試験」ですから、答えた内容について採点されます。逆にいえば、答えていないのに、得点を増やしてくれることはあり得ません。したがって、面接試験も事前の準備、練習を地道に行うことこそが、合格への近道なのです。

◆問題を自分で読んで、自分で回答

本書をはじめ、学校管理職試験の本には、面接試験の例題がたくさん載っています。まずは、その問題を読んで、自分で答えてみましょう。その中にある、例えば「教育公務員の身分上の義務について答えなさい」という問題を自宅でスラスラと答えることができなければ、試験会場で答えられるはずはありません。

また、管理職試験では、苦手なものをなくしていくことが合格への近道です。例えば、「自分はこの分野が苦手だ」とか、以前に受験して不合格だったことがあり、「面接で答えられない問題があって、駄目だった」というような場合は、ノートの左側に問題を、右側には答えをそれぞれ書いておき、答えを見ないで回答する練習をします。そして、答えを見て確認した上で、

次の問題に進みます。こうして200題ぐらいを練習すれば、答えられない問題は少なくなっていくはずです。

◆レコーダーに吹き込んでみる

　自作の面接問題ノートができたら、その内容を録音して、繰り返し聞いて暗記に努めるのも効果的です。ICレコーダーを使ってもよいですし、スマートフォンの録音機能を使ってもよいでしょう。

面接官 校長の代理・代行を規定している法令を述べてください。

受験者 学校教育法37条6項に、「副校長は、校長に事故があるときはその職務を代理し、校長が欠けたときはその職務を行う」と定められています。8項には、教頭についての規定も同じように定められています。

　問題とその回答を吹き込んでから、聞いてみます。繰り返し聞くことで、暗記することができます。また、受験者の皆さんは、日々の仕事を行いながら勉強することになるため、通勤の電車や車の中といったスキマ時間を活用してください。

　また、暗記の効果だけでなく、録音した内容を自分で聞くことで、自分の言葉遣いや話し方の癖や欠点などを見つけられることもあります。癖や欠点は意識して、できるだけ直すようにしましょう。

◆法規を全部暗記する必要はない

　「法規は苦手で、自信がない」というような場合は、教育基本法から始めて、教育関係法規を逐条的に押さえていきます。あくまで、管理職試験に関係のあるものを集中的に確認していきましょう。例えば、地方公務員法であれば、27条の「分限及び懲戒の基準」から38条の「営利企業への従事等の制限」あたりが重要であり、その他は試験にはあまり出題されません。このように、苦手なものを1つずつなくしていけば、試験合格への自信が湧いてくるはずです。

6 好感を持たれる服装・身だしなみ

　服装や身だしなみも、管理職として欠かせない重要な要素です。面接にふさわしくない姿では、面接官から「この受験者は、管理職として、児童・生徒や教職員から信頼されるだろうか」とその資質を疑われかねません。

◆男性の服装

●スーツ
男性は紺や黒、グレー系のシングルのスーツ。ダブルは避けたほうが無難。

●ワイシャツ
白いワイシャツが基本。ストライプや色柄物は避けたほうがよい。第1ボタンもしっかりかける。

●靴
シンプルなデザインの革靴。汚れていないかチェックする。

●髪型
清潔感を心がけ、長髪や染髪は望ましくない。短くても寝癖に注意。

●ネクタイ
落ち着いた色調のものを選ぶ。曲がっていないかしっかりと確認する。

●鞄
シンプルなビジネスバッグ。リュックサックなどはふさわしくない。

第一印象で好感を持たれるポイント

・髪型を含め、服装は清潔感・さわやかさが第一。
・スーツは自分に合ったサイズを選ぶ。大きすぎたり、小さすぎたり、上着の袖、着丈、パンツの裾が長すぎたり、短すぎたりしないように。
・派手で目立つ格好ではなく、むしろ控えめなほうが望ましい。
・バッグ、時計なども、高価なブランド品よりもシンプルなものを。
・コート類は会場に入る前に脱ぎ、腕にかけて持っておく。

◆女性の服装

●髪型
お辞儀したときに顔にかからないよう、長い髪は後ろで束ねておく。

●スーツ
清潔感のある紺・黒・グレー系のシンプルなスーツ。スカートは座ったときに膝が出ない丈に。パンツスタイルでもOK。

●ブラウス
スーツに合わせてシンプルに。リボンやフリル付きのものは避ける。ボタンはきちんとかける。

●鞄
手提げでも肩掛けでもよいので、シンプルなものを。

●ストッキング
肌に近い色。伝線していないか必ずチェックする。

●靴
オーソドックスなパンプス。派手な色や大きな飾り、高いヒールは避ける。

23

7 面接試験でのマナー

◆試験当日の留意点

　面接試験会場に到着したら、その入口から試験は始まっています。受付でもしっかりと挨拶をし、係員に会場を案内されたら、「ありがとうございます」の一言を忘れないようにしましょう。

　特に当日は、次の点に留意してください。

> **試験会場に入る際に気を付けること**
> ・試験会場は前もって調べておき、開始時刻を厳守する。
> ・新型コロナウイルス感染症が収束するまでは、マスク着用で入室し、指示があるまで外さない。
> ・革靴の汚れもきちんと落として、面接会場に入る。
> ・メールをしたり、音楽を聴いていたりするのは厳禁。
> ・携帯電話の電源や腕時計のアラームは切っておく。

　そして、入室から着席まで、きちんとした礼儀正しい所作で、面接官に好印象を与えることが大切です。また、面接が始まってから大切なのは、1つの問題が解けなかったからといって、一喜一憂しないことです。最後まで緊張感を持ちつつも、落ち着いて受け答えをするようにしましょう。

　やさしい質問ほど慎重に答えましょう。あやふやな回答は厳禁です。また、身上等に関する問題や現任校の問題は、はっきりと明確に答えてください。できるだけ避けるべきですが、どうしてもわからないときは、「わかりません」と正直に答えてください。

　そして、面接は日頃の成果を発揮する場です。「この人ならば、一校を任せられる」と思われるか、「この人では少し頼りない」と思われるかは、日々のあくなき教育実践、研修意欲から生まれることを忘れないでください。

◎挨拶して一礼

指示を受けて入室したら、「よろしくお願いします」と挨拶し、上体を30度曲げる。床を見てその姿勢で一瞬止め、「気をつけ」の姿勢に戻す。

◎指示を受けてから着席

指示を受けてから、「失礼します」と告げて着席する。背筋を伸ばし、背もたれによりかかったり、猫背になったりしないように。手は、男性は軽く握って膝の上に。女性は両手を重ねて腿の上に置く。マスクをしている場合は、指示を受けてから外す。

◎面接官の目を見て答える

目をきょろきょろさせず、面接官の目を見て答える。適度な声の大きさ・速さで、語尾までしっかりと話す。慌てたり、興奮したりせず、誠実に、穏やかに答える。

8 事前調書の書き方

◆印鑑捺印もおろそかにしない

　管理職試験を受験する場合は、まず教育委員会に、いわゆる事前調書を提出することから始まります。事前調書は、教育委員会によって「志願書」「人事調書」「受験調書」などと呼ばれる場合もあります。

　事前調書には、所属、職名、住所、氏名、免許状、職歴、主な校務分掌、研修歴などを記入します。これらは、正確に間違いがないように記入してください。

　事前調書を現任校の校長からもらったら、まずはコピーを取り、コピーに鉛筆で下書きをします。下書きが書けたら封筒に入れ、校長に指導を受け、書き直してから、今度は事前調書にペンを使って楷書で清書します。

　事前調書は、個人面接のときに面接官が持っており、事前調書を見ながら質問してくることもあるため、丁寧な字で記入することが大切です。また、自治体によっては、事前調書に印鑑を捺印する欄があります。印影がかすれていたり、曲がったりしていては、試験合格への信念を疑われかねないため、きちんと捺印することも重要です。何より、こうした小さな作業こそ、おろそかにしないという態度が大切です。

◆「心情・抱負等」について書く場合

　事前調書に「志願にあたっての心情・抱負等」という欄がある場合は、自分が管理職試験をなぜ受けようとしているのか、その心情・抱負等についてしっかりと記入します。管理職に志願するわけですから、児童・生徒だけではなく、教職員、保護者、地域等に関する記述が必要であり、忘れないようにします。記入にあたっては、欄に罫線がない場合は、鉛筆で薄く線を引き、記入後、その線を消すような配慮も忘れないでください。

「心情・抱負等」の記入例

　学校は、法により設置された公の施設である。したがって、法令を遵守し、公教育としての役割を果たすことがまず重要である。学校教育目標の具現化を図っていくには、校長を中心に全教職員が組織の一員としての自覚を持ち、協力して取り組まなくてはならない。教頭の役割は、校長を補佐し、教職員の総力を結集する力となることであると考える。そして、教職員個々の能力を十分に発揮させ、人事評価制度などを活用して適切な評価を行い、指導・助言に努め、児童・生徒の能力の向上を目指した質の高い教育活動を展開する。

　そこで私は、①自己の人間性を磨き、教師としての専門性を身に付けるようにさらに努力する。②児童・生徒一人ひとりに、学ぶ楽しさ、生きる喜びを持たせられるような教育活動を推進する。③校内の教職員の信頼関係を深め、指導・助言にあたる。④保護者、地域社会との連携を重視し、児童・生徒、教職員、保護者が一体となり、生き生きとした快適な環境、楽しい学校づくりに励むことをめざしていきたい。

◆ 「力を入れてきた教育実践」について書く場合

　「力を入れて取り組んできた教育実践」というような欄があり、児童・生徒の変容について記入する場合は、学校生活全体を見渡して記入することが大切です。自分が行ってきた教育活動の記述としては、次のような具体的で細かな記述がよいと思います。図書主任としての毎日の教育活動がよくわかる記述になっています。

「力を入れてきた教育実践」の記入例

　朝、登校する。職員室に荷物を置き、図書室に行き、カーテンを開け、図書室の窓を開けて外の新しい空気を図書室に入れる。これが図書主任としての日課である。古い本・汚れた本は修繕・廃棄し、書棚をすっきりときれいにし、図書室を徹底的に整理・整頓し、学校の中で最も美しい教室として整備している。図書室の掲示物は、すべて手作りで新しいものに作り替えて明るい図書室にし、子どもたちにとってくつろげる雰囲気になるようにも心が

けている。また、図書室の入り口には、節分、立春、クリスマス等その月に関係する内容の工作を色画用紙で作り、季節感を出すようにしている。

　さらに、図書部会を開き、今年度の図書部の活動、図書室の運営、読書週間の反省などを話し合い、図書室の使用について各学年で共通認識を持つように努めている。保護者に呼びかけて、図書ボランティアを募集し、図書の貸し出しのお手伝いや破けてしまった本の修理なども定期的に行っている。そして、「図書室だより」を月1回発行し、子どもたちに物語の楽しさを味わわせるようにしている。

◆「今後行いたい教育活動」について書く場合

　「管理職として、今後どのような教育活動を行いたいか」を記述させる場合もあります。管理職として実践したいことを、できるだけ具体的に記述するようにします。

「今後行いたい教育活動」の記入例

　核家族化や少子化、都市化等、子どもたちを取り巻く環境の変化により、対人関係能力が低下し、我慢強さや忍耐力が衰え、社会性の未発達な子どもたちが増えている。また、子どもたちの基本的生活習慣の乱れや規範意識の低下も大きな課題になっている。陰湿ないじめ問題や暴力行為の増加など、子どもの心の問題は深刻さが増しており、子どもたちに「豊かな心」を育成することが今強く求められている。

　子どもたちに命を大切にし、他人を思いやるような「豊かな心」を育成し、正義感、自立心、責任感等の豊かな人間性を育むことが最も必要なことである。こうした「豊かな心」を育むためには、教育課程を見直し、「特別の教科　道徳」の充実を図るとともに、全教育活動で道徳性の向上に努めることが必要である。道徳教育推進教師を督励し、道徳教育推進委員会を組織して、子どもたちの道徳性を育成する。また、授業での子どもたちの主体的な活動を進め、わかる授業を実践し、子どもたちが安定した学校生活を送ることができるようにすることが必要である。また、体験的学習の実践を取り入れることにより、

他人の喜びや悲しみを共有する等人間としての心の基本を身に付けさせていくことも求められる。

　また、地域の伝統行事や清掃活動にボランティアとして参加し、伝統文化を守ることの大切さや人のために役立つことの素晴らしさを実感させることも必要である。さらに、「やりとげた」という感動体験の発表を通じて、自己肯定感の育成を図ることも重要である。そして、家庭・地域と連携し、基本的生活習慣の定着に努め子どもたちの生活態度を変容させ、朝読書などの読書活動を学校で展開し、親子で読書に励むことによって、豊かな心の陶冶に努めることも有効である。以上の取組みを着実に進め「豊かな心」の育成を図り、信頼される学校づくりに努める。

◆ 「教育実践報告書」について書く場合

　別紙で「教育実践報告書」を添付させる場合もあります。教育実践報告書では、生き生きとした日々の教育実践の記述を披瀝したいものです。

「教育実践報告書」の記入例

　「教育は響育である」という言葉を聞いたことがある。確かに、教育の実践は健全な児童の育成をすることであり、児童の心にいつまでも響き続けるような教育こそ、至上のものである。

　私は帰宅するときは必ず「今日は、響くことができたか、子どもを響かせることができたか」と反省することを常としている。現在、私は学年主任であり、体育主任である。登校するとすぐに体育着に着替え、校庭に出る。ラインを引いたり、校庭のごみを拾ったりしながら、「おはよう。元気かい」「今日もがんばろう」などと、登校する児童に声をかけて1日を始める。

　体育の諸活動は、知育、徳育の基礎をなすものである。子どもたちの体力を少しでも高めていくためには、体育の授業研究を進めるとともに、業前・業間の活動などでも、子どもたちが体を動かすことが好きになる必要がある。そのために、各学級担任にも協力を依頼し、体力向上カードなどを配付して、運動好きな子どもたちの育成に努めている。これからも研鑽と修養に努め、教育実践力を高めていく決意である。

第2章

評価される
回答の仕方

1 | 歯切れのよい 自己紹介を心がける

◆自己紹介は事前に準備できる

　個人面接の冒頭は、必ず自己紹介から始まります。

　面接官は、「○○さんですね。あなたの学校の学校課題を含めて１分間で自己紹介をしてください」というような質問を投げかけてきます。

　面接官に対する受験者の最初の印象は、この自己紹介で決まります。

　なお、感染症の感染防止のため、マスクを着用している場合は、面接官の指示があるまで外さないようにします。

　自己紹介では、次のような点に注意しましょう。

> ### 自己紹介で注意すべきポイント
> ・時間を守ること。１分間以内と言われたら、必ず厳守する。
> ・謙虚な姿勢を貫くこと。その上で、自分をアピールする。
> ・これまでの研修を通して学んだことを、明確に打ち出すこと。
> ・学校経営にどう関わっているか、また、関わろうとしているかを伝えること。
> ・簡潔に歯切れよく、丁寧な言葉で語尾までしっかりと話すこと。

　管理職になると、何か行事や緊急事態があれば、たくさんの教職員や児童・生徒に大きな声で指示を出さなければなりません。また、職員会議でも、教職員の指導をする立場です。管理職になるには、歯切れのよい話し方、丁寧な言葉遣いは必須です。

　自己紹介の回答は、事前に準備することができます。

　時間は限られていますから、それほどたくさんのことを話すことはできません。自分のことをしっかりと面接官にわかってもらえるような、簡潔な文案を準備しておくことが大切です。具体例を見てみましょう。

自己紹介の例

　私は、受験番号 55 番の○○◇◇と申します。現在、△△市立▽▽小学校で、教務主任として務めさせていただいております。

　教職について 22 年目で、現在の小学校で 4 校目です。教務主任になる前には、生徒指導主事や体育主任の経験があります。県のスポーツ研修センターの専門研修で、2 年間の体育研究をしたこともあります。現任校では、昨年度から教育委員会の委嘱を受けて、学校教育目標にある「たくましい子」の育成をめざして、健康教育も含めた体育科の研究に取り組んでいます。

　私も体育主任と協力しながら、学校保健・健康教育の面から体育科の研究推進にあたっています。よろしくお願いします。

　この後、面接官は必ず自己紹介に関連した質問（枝問）を投げかけてきます。

枝問1 体育科の研究といいましたが、あなたはどのようなことに力を入れて研究していますか。

枝問2 体育科の研究の中で、あなたはどのような役割を担っていますか。

　これらの質問も、事前に回答を準備しておくことができるはずです。

回答1 体育科の授業で、子どもたちの体力をいかに高めていくか、授業の展開の仕方について研究しています。

回答2 研究推進委員会が、授業研究部・健康保健部・施設環境部の 3 つに分かれています。私は施設環境部の責任者で、運動施設・設備の整備、体育備品の管理などについて推進しています。

　面接が始まってすぐの質問にきちんと答えることができれば、緊張も和らぎ、気持ちが落ちついてくるはずです。

2 事前調書の内容は 確実に答える

◆面接試験は準備段階から始まっている

　自己紹介の次に必ず質問されるのが、事前調書の内容です。

　すでに述べたとおり、管理職試験では多くの場合、事前調書と呼ばれる「志願書」や「人事調書」などを試験願書に添付します。

　これらの事前調書は、なぜ自分は管理職をめざそうとしているのかといった、自分の考え方を披瀝するものです。

　また、「現在学校の中で何に力を入れて教育活動を展開しているのか」や「学校の課題解決にどのように取り組んでいるのか」などの具体例について記述を求められる場合もあります。したがって、これらは面接官にとって、面接試験のときの格好の質問資料になります。

> 面接官　志願書の中に、「人事評価システムを生かして課題解決を図る」と書いてありましたが、具体的に述べてください。
>
> 受験者　子どもたちに基礎・基本の力を高めていくことが学校課題です。したがって、年度当初の自己申告シートの目標設定には、どのように基礎・基本の力を付けていくのか記入させます。中間申告・最終申告にも、学校課題についての達成度評価が必要になります。

　管理職試験願書の提出は、実際に行われる試験日のかなり前になるはずです。その試験願書に添付する「志願書」や「教育実践報告書」等は、何度も読み直してすべて暗記しておく必要があります。前述した自己紹介のように、面接官からどんな質問をされたとしても、適切に回答できるように準備しておきましょう。

　面接官から聞かれて、しどろもどろの回答になってしまったのでは、合格は遠のいてしまいます。面接試験は試験会場で行われますが、「試験準備

を始めたときから面接試験は始まっている」といっても、決して過言ではありません。

◆「自己申告書」の記入にも注意を

年度当初に提出する人事評価の「自己申告書」を添付させる場合もあります。能力と業績に基づく新たな教員評価が「自己申告書」による評価として進められています。

「自己申告書」は自ら設定する自己目標について、年度途中に自己評価を行い、目標を修正しつつ、年度末に最終評価を行うものです。自己評価目標の設定にあたっては、校長の示す学校経営方針、指導の重点・努力点等をふまえた主体的な目標とする必要があります。

また、学校教育目標として示された、学校全体の目標や組織としての目標（校務分掌、学年、教科、各種委員会）と整合性を持った目標設定を行う必要があります。目標管理手法による教員評価は、個人の目標を主体的に設定し、目標達成をめざし、その達成状況について評価することが目的です。年度末には、校長などの管理職によって「業績」「能力」「意欲」等の側面からの評価が行われており、その結果は教育委員会にも報告されています。したがって、自分の記入した「自己申告書」の内容については知悉しておく必要があります。自分の記入した「自己申告書」と「志願書」の内容に大きな齟齬があってはいけませんし、「自己申告書」に書いていないことを「志願書」に記入するわけにはいかないのです。

「自己申告書」や「志願書」はすべて受験者が記述したものであり、面接官からどんな質問が投げかけられても、答えられるような準備をしておくことが大切です。

試験開始直後に行われる、これらの書類に関する質問に確実に答えることが、合格への第一歩です。

3 | 自分の理想とする 学校像を確立しておく

◆自分らしい回答を準備する

「どのような学校をつくりたいと思いますか」という問題は、面接では必ず聞かれる不易な問題です。例えば、次のような具合です。

> 面接官　**あなたは、どのような学校をつくりたいと思いますか。**
>
> 受験者　子どもたちが、毎日喜んで登校する学校をつくりたいです。
>
> 面接官　**どうすればそのような学校がつくれますか。**
>
> 受験者　教職員がよくわかる授業を行うことだと思います。そうすれば、子どもたちが学習する楽しさを持つことができるからです。
>
> 面接官　**教職員の指導力を向上させるには、どのようにしますか。**
>
> 受験者　授業研究を中心にした校内研修に取り組みます。また、日常の授業観察なども行い、適切に指導・助言をして指導力の向上に努めます。
>
> 面接官　**授業観察と言いましたが、教頭として忙しい中でできるのですか。**
>
> 受験者　どんなに多忙でも、必ず時間をみつけて行います。教職員の人事評価も始まっているので、日常の授業観察は、業績評価を行う上でも欠かせません。

　自分の理想とする学校像については、しっかりとした考えを確立しておくことが必要です。同時に、教職員像、児童・生徒像など、教育に関する理想像についても、自分らしい回答を準備しておきましょう。また、受験者の回答に対して1問だけで終わることはなく、面接官からは必ず関連した枝問が出されます。予想される枝問への準備もしておけば、試験会場で落ち着いて対応することができます。

　回答の準備をしていないと、慌ててしまったり、同じことを繰り返したり、正鵠を得ない回答になってしまったりします。きちんと準備を整えて、

誠実に穏やかに落ち着いた態度で受け答えをしましょう。面接官は、回答の内容だけでなく、受け答えの仕方も見ています。

◆管理職としての確固たる信念を持つ

「どのような教頭をめざしますか」という問題も、「どのような学校をつくりたいと思いますか」という問題と同様に、面接では不易な問題です。

面接官 あなたはどのような教頭をめざしますか。

受験者 校長の学校経営の補佐に徹して、職員室の担任として校務の整理がしっかりとできる教頭です。

面接官 教職員とはどのように関わりますか。

受験者 教職員の長所を伸ばすように優しく接するとともに、職務については厳しさを持ってあたりたいと思います。

面接官 優しくと言いましたが、それでは甘やかしではないですか。

受験者 教職員には、優しく、温かくという基本姿勢で接しますが、職務の遂行には毅然とした態度であたります。

面接官 職員室の担任と言いましたが、どんな職員室にしますか。

受験者 職員室は、教職員がお互いに話し合い、高め合う場、子どもの成長を語り合う場にしたいと思います。

　自分の理想とする教頭像、校長像も必ずまとめて、整理しておいてください。面接官は、受験者がどのような信念や考え方を持っているのかを聞いてみたいと考えています。本当に、この受験者に校長として「一校」を任せられるのか。副校長、教頭として「校長の補佐」ができるのか。これらを面接試験を通して確認したいのです。

　学校管理職になると、学校の代表として、「学校の顔」になります。児童・生徒や保護者、地域住民は、校長、副校長、教頭を見て、その学校で行われている教育の質の判断をしてしまう場合もあります。日常の教育活動をしっかりと行い、何か不測の事態が起きたときも理路整然とした対応ができる落ち着きを持った学校管理職の存在こそ、信頼される学校の礎になることを肝に銘じ、明快な回答を心がけましょう。

4 | 簡潔・明瞭に回答する

◆簡潔な言葉で、語尾まで明瞭に答える

すでに述べたとおり、面接試験では主に、①身上等に関する問題、②校務全般に関する問題、③教育関係法規に関する問題の3つの問題等について聞かれます。

これらの面接問題には、法規に関する知識、理解度を問うような「正解がある問題」と、身上に関わる問題のような「正解がない問題」があります。どちらにしても、大切なことは、簡潔な言葉で、はっきりと語尾まで明瞭に答えることです。

その上で、校長試験の場合には、答えは法規に則って、教育委員会の指示に従い、自分でしっかり判断して答えます。教頭（副校長）試験の場合であれば、校長の指示・指導に従い、自分自身で判断するということを押さえておく必要があります。

◆回答の数の注意事項

面接試験は、回答する数に注意することが必要です。

例えば、「教頭として校内研修を行う上で、あなたが最も大切だと思うことを、1つ答えなさい」という質問が出たとします。このとき、答えは、必ず1つだけ答えます。たくさん思いついたからといって、あれもこれもと、2つも3つも答えてしまう受験者がいますが、これは NG です。

面接官は、「1つだけ答えなさい」と言っているのですから、「授業の中で生かせるかどうかが、最も大切な視点だと思います」などと、1つだけ答えます。指定された数の条件を守って回答するのです。

一方、「1つ」などと、数を指定されない場合もあります。

例えば、「校長として教職員の人事評価で、大事だと思うことを答えなさ

い」というような質問をされたとします。

このような場合は、1つではなく、2つ答えるのが適切です。3つ以上の回答を並べては、くどくなってします。ですから、次のように回答するのがよいでしょう。

「2つのことが大事だと思います。1つは、定期的、継続的に授業をよく観察し、学級経営をしっかり見て評価することです。2つ目は、その先生の教員としての成長を支援し、励ますような評価にすることです」

この答えをもとに、次の枝問（関連質問）が出されると思うので、2つ程度が適当です。それも、「2つのことが大事だと思います」というように、最初に答える数を明言しておくと、面接官にとって理解しやすくなります。このように、回答の数も意識した上で、簡潔に話すことが大切です。

◆日々の管理職の行動を注視

「今まで仕えた教頭の中で、こんな教頭になりたいと思う人はいましたか。具体的に答えてください」と問われたとします。

次の2つの回答では、どちらが具体的な回答でしょうか。

> 回答1 毎日、一生懸命に仕事をしていたA教頭のようになりたいです。
>
> 回答2 B教頭は、雪が降った日は早く学校に来て、男性の教職員などを指揮して、校門から昇降口までの雪かきをしていました。登校してきた子どもたちが歩きやすいと、とても喜んでいました。私もB教頭のような教頭をめざしたいです。

一目瞭然で、もちろん回答2です。

このような質問の場合には、普段から校長、副校長、教頭の行動をよく見ていないと、具体的な内容を話すことはできません。学校行事が行われているときにどのような行動をしているのか、管理職の姿、行動をよく観察しておくことが必要です。

したがって、日々是管理職試験と言っても決して過言ではないのです。

5 法規は正確に回答する

◆法規の意味をしっかりと理解する

　面接試験で法規に関する知識が問われるのには、理由があります。それは、教職員から質問を受けた際に、管理職として確実な回答が求められるからです。曖昧な回答をしたり、「少し待って。調べておくから」と答えたりしていては、教職員からの信頼は失われます。学校管理職は、文部科学行政の最前線をつかさどる存在として、法的知識を知悉していなければなりません。具体的な問答例を見てみましょう。

面接官　**学校に備えるべき表簿には、どんなものがありますか。**

受験者　学校に関係のある法令、学則、日課表、教科用図書配当表、学校医執務記録簿、学校歯科医執務記録簿、学校薬剤師執務記録簿及び学校日誌などです。

面接官　**法令で定められているのですか。**

受験者　学校教育法施行規則 28 条で定められています。

面接官　**学校で永久に保存しておく書類は何ですか。**

受験者　教育委員会の学校管理規則で定められていますが、卒業証書を渡した児童・生徒の名簿、勤めていた教職員の名簿、それから学校の沿革を記した書類の3つです。

　この受験者の回答は、どうでしょうか。残念ながら、この回答では合格とはいえません。まず学校備付表簿についての回答ですが、これでは学校教育法施行規則 28 条のはじめのほうをただ単に並べただけで、なぜこのように並んでいるのか、その意味をきちんと理解できていないとみなされてしまうでしょう。

　学校という組織の構成について少しでも考えていれば、このような回答

にはならないはずです。学校は、法律に基づいて定められた組織であり、施設・設備があり、そこには教職員と児童・生徒が通ってきています。

また、教育委員会など教育行政との連絡もあります。したがって、「学校に関係のある法令、学則等、職員の名簿等、指導要録等、入学者の選抜に関する表簿等、資産原簿等、往復文書処理簿等です」と、学校を構成するものを選んで回答するのが望ましいでしょう。

また、永久に保存しておく書類についての回答も、これでは管理職としては不十分です。

「教育委員会の学校管理規則で定められており、3つあります。学校沿革誌、卒業証書授与台帳、旧職員の名簿及び履歴書綴です」と、正確にその名称を答えるべきです。このように正確な回答をするためには、サブノートなどを作って、知識を盤石にすることが欠かせません。

◆教育法規を重点的にマスターする

教育法規を正確に回答するためには、それらを重点的にマスターしておく必要があります。時間は無尽蔵にあるわけではありませんから、基本的な法規や近年変わった法規などを重点的に読んでおく必要があります。

学校教育に関する法規としては、教育基本法、学校教育法、学校教育法施行令、学校教育法施行規則等です。また、地方教育行政の組織及び運営に関する法律、学校保健安全法、食育基本法、学校給食法等も見ておく必要があります。これらの法規についてはすべてを覚える必要はないと思いますが、1条から逐条的に読んで理解しておくと、面接で聞かれたときには正確に回答することができるでしょう。

教職員に関する法規は、地方公務員法、教育公務員特例法、教育職員免許法、労働基準法等があります。これらは、面接で聞かれるところは限られているので、そこを重点的に覚えておくようにします。

児童・生徒に関する法規では、児童福祉法や児童虐待の防止等に関する法律などがありますが、これも出題されるところが限られています。

教育委員会では教職員の管理規則や服務規程が定められてますが、これらについてはすべて読んでおくほうが賢明です。重点的に読みこなしておくと、面接試験で正確な回答をすることができます。

6 厳しい質問には
冷静沈着な回答を

◆実際に起こり得る事例への対応

　面接では、学校課題や法規問題、教育課程などだけでなく、事例を挙げて質問される例も増えています。例えば、次のような内容です。

> 面接官　3年生の保護者から、「クラスがうるさくて授業が進まないと子どもが言っている」という電話がありました。あなたが教頭だとしたら、どうしますか。
>
> 受験者　まず、電話での保護者からの情報提供について感謝の意を伝え、「事実を確認します」と回答します。
>
> 面接官　「子どもが言っているのだから事実ですよ。どんな対策をしますかと聞いているんですよ」と対策について聞かれたらどうしますか。
>
> 受験者　「教室訪問をして、騒がしい原因を調べて対応します」と答えます。
>
> 面接官　「それで改善しなかったら、教頭としてどう責任を取るんだ」と責任について問われたらどうしますか。
>
> 受験者　「教務主任や学年主任とも連携して、必ず落ち着いて授業が進められるようにしていきます」と答えます。

　教頭になると、保護者からの電話を直接受けることはよくあります。

　この問題も、実際に起き得る事例をもとにした出題です。このやりとりでは、保護者が自分の名前を名乗っているのかどうかはわかりませんが、学校に寄せられる苦情電話は名乗らない場合がほとんどです。

　「調べて対応した結果については、ご報告したいのでお名前を教えていただけないでしょうか」などと聞いても、九分九厘教えてはもらえないものです。そして、名乗らない保護者が、自分の主張を一方的かつ感情的に発する場合がよくあります。こうした場面でも、教頭は「冷静沈着に対応する」

のが最善です。

　とはいえ、保護者からの要求ですから、はじめから「そんなことはありませんよ」と「拒絶」するわけにはいきません。まずは相手の主張に耳を傾け「そうですか。そういうことがあったのですか」というように「受容」することが大切です。しかし、「その通りですね」と安易な回答はできないため、「調べて、適正に対処する」ということになります。

　これを電話で冷静沈着に行う必要があります。つまり、面接試験の事例問題は、受験者の対応力を見るためのものです。この問題でも「うるさくて授業が進まない学級」という設定で出題されていますが、その受け答えについては、かなり厳しい関連質問の枝問が予想されます。

面接官「授業が遅れてしまったらどうしてくれるんだ」と保護者が言ってきたらどう答えますか。

受験者「授業の進度については、学年で統一して進めていますので、1つの学級だけ遅れることはないようにします」と答えます。

面接官「学級保護者会を開いて、説明したらどうなんだ」と保護者が言ったらどうしますか。

受験者「事実をよく調査した上で、学級保護者会を開催するかどうかは、校長と相談してから決めます」と答えます。

面接官「授業がわからなくて、不登校になる子が出たらどうするんだ」と保護者が言ったらどう説得しますか。

受験者「そのような事態にならないように、教頭も教室訪問をして子どもたちの学習が進むように努めます」と答えます。

　このように、事例問題では、面接官がかなり突っ込んだ枝問を投げかけてきます。「どう答えれば、この質問は終わるのだろう」と思うほど厳しく問われる場合もあります。

　こうした厳しい圧迫質問に対しては、誠実に、丁寧に回答することが大切です。現実に職員室で見知らぬ保護者と電話で対応するのは、面接以上に厳しいものです。教頭に着任した日からその厳しい現実に向き合うことになるのですから、面接試験でも保護者との電話の対応を思い浮かべて、落ち着いて、穏やかに回答するように心がけましょう。

7 観察力と想像力を働かせる

◆観察力・想像力で事故は未然に防げる

　施設・設備の安全管理は、管理職が行う管理の中で重要なものの１つであり、面接試験でも聞かれます。例えば、次のような具合です。

> 面接官 校舎の天窓から児童が落下して死亡した事故がありましたね。あなたの学校には、天窓がありますか。
>
> 受験者 私の現任校にはありません。
>
> 面接官 この事故はどうしたら防げたと思いますか。
>
> 受験者 現場の状況がよくわかりませんが、子どもが天窓の上に乗らないように、柵で囲って近づけないようにしておけば防げたと思います。
>
> 面接官 あなたは管理職になったら、こうした施設・設備の管理をどのように行いますか。
>
> 受験者 子どもの目線に立って、徹底的に安全点検を行います。
>
> 面接官 でも安全点検は毎月１回行うだけでしょう。
>
> 受験者 いえ、安全点検には日常的点検、定期的点検、臨時的点検、専門業者点検など、いくつもの種類があります。
>
> 面接官 それを教職員だけでやるのは大変でしょう。
>
> 受験者 教職員個人での点検に加え、学年や校務分掌グループごとでも取り組みます。また、児童・生徒、保護者などと一緒に点検する時間と場を設定し、学校全体で安全意識の高揚を図っていきます。

　この質問の天窓事故は、受験者の回答のように柵で囲っておけば、十分防ぐことができたはずです。不適切な施設・設備の管理によって、尊い命が失われてしまうような事態は、絶対に招いてはなりません。安全点検は何度でも、原点に立ち返って実施することが求められます。

この天窓も、建物ができたときにはかなりの強度を持っていたのでしょう。子どもが乗っても壊れるようなことはなかったかもしれません。

しかし、年月が経つにつれて劣化が生じ、強度が落ちていたのかもしれません。「もしも、この天窓に子どもが乗って、割れたとしたらどうなるのか」という想像力を管理職や教職員が持っていたら、子どもが入れないような柵が作られ、悲惨な死亡事故は防ぐことができたと思われます。

◆施設・設備の安全管理に必要な視点

教頭になると、1日に何回か校内を見回ることになります。しかし何回見回っていても漫然と見回っていたのでは、事故を防ぐことはできません。

例えば月曜日の朝、校庭を見回るとします。このときは、「金曜の夕方と、何か変わっていることはないか」という視点が必要です。土日には、社会体育での学校開放があったり、少年サッカーのチームが利用したりしています。もしかするとサッカーゴールが移動され、留め金が外れているかもしれません。児童・生徒がサッカーゴールの下敷きになれば、大けがを負ったり、場合によっては死亡事故につながったりします。

台風が近づいているときの見回りはどうでしょうか。大風で吹き飛ばされそうなものや、何か倒れてしまうものがないか、大雨の影響などで排水溝に何かが詰まり、教室に雨が流れ込んできたりしないか、観察力と想像力を駆使した見回りが求められます。

施設・設備の安全管理は、屋上を含めた校舎内の管理、校地・遊具施設・プールなど校舎外の管理、避難設備や防火シャッターなど防災関係の管理、不審者侵入防止等防犯に関わる管理、通学路などの管理、遠足・修学旅行などを含む校外学習での管理など、多岐に渡ります。そして、管理職試験の面接で施設・設備の安全管理が出題されるのは、管理職には事故防止の視点が不可欠だからです。常に子どもたちの命を預かっているという意識を持ち、観察力と想像力を働かせ、事故防止につなげることが大切です。

そして、観察力と想像力は、施設・設備の安全管理だけでなく、さまざまな場面で必要です。教室訪問の際も、子どもたちの様子を観察力と想像力を駆使して見回ることで、ときには学級崩壊の予兆を発見することもあります。学校管理職として欠かせない能力であり、その力を面接でも発揮することが大切です。

8 後継者の育成に積極的に取り組む

◆面談などで、一段高い目標設定を

　学校運営のリーダーとも言える主幹教諭や指導教諭の育成に関しても、面接試験ではよく質問されます。校長・副校長・教頭にとって、後継者の育成も重要な任務です。管理職としてはもちろん、指導職としての役割を十分に理解し、教職員のキャリアプラン形成に関する指導もしっかり行うことが求められます。教職員が将来果たすべき自己の役割などを自覚できるように、指導の「策」を必ず考えておく必要があります。

　主幹教諭や指導教諭には、責任感はもちろん、指導力、決断力、実行力、包容力などの多様な力が求めれます。現在行われている人事評価の自己申告の面談を使えば、もっと具体的で的確な回答になるはずです。

　面接官　**あなたは教頭として、主幹教諭や指導教諭の育成にどのように取り組んでいますか。**

　受験者　自己申告のときに、本人と面談して今年度の職務目標や能力開発については、一段高い目標を記入させています。また、自己のキャリアプランについても考えさせています。

　面接官　**自己申告の活用で注意している点は何ですか。**

　受験者　目標設定については、その目標をいつまでに、どのようにして達成するのか、具体的な方法や時期を話し合い、着実に達成できるように指導しています。

　面接官　**キャリアプランについてはどのように指導していますか。**

　受験者　校長の指導のもと、将来果たすべき役割を考え、学校運営のリーダー、あるいは教育指導のリーダーとして必要な力を高めるためにどうしたらよいのかという点に注意して指導しています。

◆ OJT 等を通して能力向上を図る

　人材育成の方法としては、日常的な職務を通して、必要な知識や技能、意欲、態度などを意識的・計画的・継続的に高める取組みである「OJT」(「On the Job Training）で教職員の能力向上を図ることが大切です。OJT 以外にも、悉皆研修や課題別研修等の Off-JT、自己啓発等もありますが、日常の職務の中で教職員の能力向上を図ることを意識するようにします。

　例えば、主任教諭であれば、児童・生徒の観察や教員からの情報収集に基づき、現任校の生活指導や進路指導の課題を捉えることが求められます。また、主幹教諭・指導教諭であれば、課題を捉えた上で、その改善策を示すという、主任教諭よりも一段上のレベルが要求されます。

　管理職になると、改善策の提示は必須であり、それを提示した上で指導していく力も欠かせません。面接試験では、こうした能力を受験者が持っているかどうか判断されます。校長・副校長・教頭になると、日々教職員の育成に携わることになるため、そうした能力を持っているかどうかを面接官は見ています。

　一人ひとりの教員が育成段階に応じて身に付けなければならない力を理解しておくことも大切です。基礎形成期の教職員の場合であれば、学級経営における基礎的な力や教職への使命感、教育公務員としての自覚などです。また、伸長期の教員には、自らの実践力を高めるとともに、初任者等に対して先輩として助言する力が求められます。また、学校の仕事に慣れてきた頃であることから、校務分掌などにも積極的な貢献が求められる時期です。さらに、主幹教諭や指導教諭として育成しようとしている職員である場合には、その職務目標や能力開発に関する視点は、他の職員より一段と高い目標設定になります。

　このように学校内において、職層に応じた OJT を組織的に推進することが、教職員の人材育成につながります。校長・副校長・教頭などの管理職にとって、教職員の育成は、学校全体での質の高い教育の提供、学校の課題解決、活性化へとつながるため、最も求められる力であるといっても過言ではありません。積極的に後継者の育成を図るその具体的な方法について、自分の考えをしっかりと整理しておきましょう。

9 最新の情報を 実践に結び付ける

◆今日的課題にも組織の力で対応

　面接試験には、「不易」と「流行」の問題が質問されます。

　例えば、不易の問題は「職員会議の運営をどのように行いますか」というような問題です。一方、「食物アレルギーで亡くなった子どもがいますが、あなたはこうしたことを防ぐためにどうしますか」という問題は、近年起きた事故から出題された流行の問題です。面接試験では、こうした最新の情報からの今日的な課題についても、必ず押さえておく必要があります。

面接官　**食物アレルギーで亡くなった子どもについて知っていますか。**

受験者　東京都調布市の小学校で、アレルギーを持つ5年生の女の子が粉チーズ入りのチヂミを食べた後に亡くなった事件がありました。

面接官　**あなたの学校には食物アレルギーの子どもはいますか。**

受験者　卵アレルギーの子と、そばアレルギーの子が1名ずついます。

面接官　**学校では、どのような対策を取っていますか。**

受験者　保護者に給食献立表の食べられないものに赤ペンで印を付けて提出してもらい、保護者、担任、栄養教諭等で情報を共有しています。

面接官　**管理職はどうしたらよいと思いますか。**

受験者　調理師や栄養教諭、担任等と連携を取り、食物アレルギーによって事故が発生しないようにしっかりと指導することです。

面接官　**他にはどうしますか。**

受験者　食物アレルギーを持つ子どもに対する緊急対応マニュアルを作り、エピペンの講習会をしていくことも大切だと思います。

　新聞やテレビ、インターネットなどで得られた情報についても、自分の問題として考えておくことは、面接試験への対策としてもとても重要です。

小中連携が始まった学校があるなどという情報を得た場合に、自分の問題として考え、教育課程については、日課表については、教科担任制については……など、自分がその学校の管理職だった場合を想像して、実践策を考えておくことが面接試験では有用です。

　他にも、GIGA スクール構想、教員の働き方改革、プログラミング教育、STEAM 教育、チームとしての学校、個別最適な学びと協働的な学び、子どもの貧困対策等、今日的な話題は数多くあります。これらの問題では、現任校でどのような実践を行っていくべきなのか、その具体的な実践策を考えておき、面接官に聞かれたときは、しっかりと回答できることが必要です。

　今日的な課題でも必ず押さえておきたいのは、組織の視点についてです。学校は、校長の示す学校経営方針に基づいて組織として働く組織体です。一つひとつの校務分掌組織が有機的に機能して初めて、その成果が出ます。例えば、「GIGA スクール構想」についても、学校の教職員全員がその認識を高め、学校という組織を挙げて推進していくことが大切なのです。ですから、「どのような組織を作って実践していけばよいのか」という視点から問題を考えておく必要があります。

　また、給食事故のような場合には、「指導の徹底」が重要になります。はじめに、しっかりとした指導を行います。しかし、慣れるに従って油断してしまうようになります。指導が不十分になってくると、事故の発生確率は高くなります。このときには、再び指導する必要があり、これが「指導の徹底」です。最初に指導すればそれで終わりではありません。

　面接試験での受け答えは、組織的な視点を持ち、適切な回答に努める必要があります。面接官に聞かれた場合には、今日的な課題についても、常に自分の問題として捉え、その実践策を現任校に当てはめ、どのように組織で取り組んでいくのか、どのように指導すべきか、どのように管理していくかなど、具体的な回答をしていく必要があります。

　今日的な課題について、自分で問答しておくことも必要です。自宅で答えられないのに、試験会場で面接官に回答できるはずはありません。また、回答については、現任校ならばどうするのかという視点を持って練習する必要があります。

10 | 県・市独自の 教育プランを押さえる

◆自治体には独自の教育プランがある

　都道府県・政令指定都市教育委員会などの各自治体では、自治体独自の教育プランを策定しているところが増えてきています。例えば、横浜市教育委員会では「自ら学び　社会とつながり　ともに未来を創る人」の育成を目指し、「横浜教育ビジョン2030」（平成30年2月）を策定し、5つの視点と4つの方向性を示しています。

　面接試験では、当然こうした自治体の教育プランについて聞かれることが多いため、その対策もしておく必要があります。

面接官　横浜市の教育プランは何ですか。

受験者　「横浜教育ビジョン2030」が策定されており、5つの視点と4つの方向性が示されています。

面接官　5つの視点を具体的に説明してください。

受験者　子どもに身に付けて欲しい力を、5つの視点は、「知」「徳」「体」「公」「開」で表しています。「知」は生きてはたらく知、「徳」は豊かな心、「体」は健やかな体、「公」は公共心と社会参画、「開」は未来を開く志です。

面接官　4つの方向性とは何ですか。

受験者　多様性を尊重し、つながりを大切にした教育を推進することで①子どもの可能性を広げます、②魅力ある学校をつくります、③豊かな教育環境を整えます、④社会全体で子どもを育みます、の4つの方向性に沿って施策や取組みを進めることです。

　また、東京都教育委員会では、教育振興基本計画として、「東京都教育ビジョン（第4次）」を策定しています（令和元年6月策定）。

この計画では、「子供の『知』『徳』『体』を育み、社会の持続的な発展に貢献する力を培う」「学校、家庭、地域・社会が相互に連携・協力して子供を育てる」という理念のもと、基本的な方針12と今後5か年の施策展開の方向性30が掲げられています。

この他にも、全国のほとんどの自治体で、このような独自の教育プランを立て、教育の方向性を示し、教育振興を図ろうとしています。

◆教育プランは必ず確認・暗記しておく

面接試験では、こうした自治体独自の教育プランについて質問されたときに、「わかりません」「知りません」などと答えるわけにはいきません。なぜなら、管理職として学校に着任した場合には、これらの自治体の教育プランをもとにして、教育課程を編成しなければならないからです。また、この教育プランを実施して、施策の実施結果を評価し、改善していくことが必要です。

自治体によっては、この政策ごとに指標となるマネジメントサイクルまでも公表しているところもあります。現任校の教職員が、これらの教育プランに関する知識が不十分な場合は、管理職が指導して現任校の教育振興を進めていく必要があります。これらは、リーフレットなどで各学校に配付されており、自治体のホームページなどにも詳しく掲載されています。

自治体の教育プランについては、とにかく暗記するしかありません。面接試験で、自治体の教育プランについて聞かれたときに、いい加減に回答したりしたのでは、合格は遠のいてしまいます。正確に答えられるか、答えられないかがはっきりとわかってしまう問題です。管理職として勤務するのですから、こうした自治体の教育プランを全部覚えておくことは、当然のことと言われてもおかしくありません。

遠大な事をなすときは、まず手近な事から始めよという意味で「隗より始めよ」ということわざがありますが、「面接試験合格は教育プランから始めよ」と言ってもよいと思います。

第3章

NG回答の
改善ポイント

1 | 抽象的で曖昧な回答

◆管理職としての具体的な行動がみえない回答は NG

　個人面接では、抽象的で曖昧な回答は禁物です。具体性に欠け、校長や教頭として何をすべきなのかが伝わらず、面接官に頼りない印象を与えてしまいます。例えば、次のような回答です。

> **面接官** いわゆる「中1ギャップ」による不登校の問題に、どのように対応しますか。
>
> **受験者** すべての教科が教科担任制という学習面の変化や、異なる小学校出身の生徒との新たな人間関係の構築など、中学校に入ると、大きな変化があります。変化に対してしっかり対応を取るべきだと思います。
>
> **面接官** 何をすればよいと思いますか。
>
> **受験者** 子どもたちの置かれている状況を把握することが大切です。また、子どもたちに与えている負担をできるだけ軽くすることも必要です。
>
> **面接官** そうすれば不登校を減らしていけますか。
>
> **受験者** さまざまな性格の子供がいますが、学校が積極的な対応をとっていくことが、不登校を減らしていく大きな要因になると思います。

　「状況を把握」「負担をできるだけ軽く」「さまざまな性格」「積極的な対応」といった回答では、学校として何をするのかがまったくわかりません。こうした抽象的な回答ではなく、何をしたらよいのか、どうすべきなのかという具体的な回答をするべきなのです。

　例えば、次のような回答です。

> **面接官** いわゆる「中1ギャップ」による不登校の問題に、どのように対応

しますか。

受験者 まず、中学校区内の小・中学校の全教職員が定期的に情報交換会を行い、子どもたちの状況を把握します。

面接官 状況を把握した上で、具体的に何をすればよいと思いますか。

受験者 小学6年生の子どもたちが進学に不安を抱かないよう、中学校への1日体験入学を行ったり、中学校の生徒会の役員に中学校生活に関するガイダンスをしてもらったりして、理解を深めるようにします。また、入学後は、中学1年生の個別的配慮事項を把握し、支援体制の確立に努めることも大切です。

面接官 そうすれば不登校を減らしていけますか。

受験者 現任校では、体験学習や学校行事などによる小・中学校間の交流を通じて、小学6年生に中学校への理解を深めさせています。また高学年では算数や理科は教科担任制にしています。このような対応をすれば、「中1ギャップ」による不登校を減らすことができると考えます。

◆できるだけ具体的な回答を心がける

　後者の回答は、「全教職員が定期的に情報交換会」「中学校への1日体験入学」「中学校生活に関するガイダンス」「個別的配慮事項を把握し、支援体制の確立」、「体験学習や学校行事などによる小・中学校間の交流」など、とても具体的です。また、現任校のことも絡めながら答えています。これなら学校は何をすべきなのか、校長や教頭として何をするのかがわかります。面接官も、この回答を聞けば、「この受験者なら、不登校対策をしっかり行うことができる」と思うはずです。

　回答が具体的だと、「全教職員が定期的に情報交換会をすることは可能ですか。多忙になるからといって、反対も多いのではないですか」などと、次に厳しい質問をされるのではないかと考えがちですが、堂々と自信を持って答えればよいのです。「同じ中学校区の小・中教頭・生徒指導主事等で、対策協議会を立ち上げて、取り組んでいきます」といった具合に答えれば、「それはできないでしょう」とは、面接官も言うことはできません。

2 | 現任校を批判する回答

◆不十分な教員指導を語ることは、現任校批判につながる

面接では、現任校の内情について、「あなたの学校ではどうですか？」と聞かれることがあります。こうした場合は、十分に考えて回答しなければなりません。例えば、次のような質問です。

面接官 あなたの学校で進めている学校研究は何ですか。

受験者 ２年の計画で、算数科の研究を行っています。

面接官 具体的にどのように行っていますか。

受験者 学期に１回、低・中・高学年の１クラスが研究授業を行って、それを全教員が参観し、その後授業の進め方や発問や指示などについて研究協議をしています。

面接官 あなたは何をしていますか。

受験者 私は、教務主任をしていますので、研修主任や算数主任と一緒に算数科の授業研究を推進しています。

面接官 成果は出てきていますか。

受験者 授業研究に熱心に取り組む教員が多いのですが、中には熱心ではない教員もいるので、学年によっては校内研究で十分な成果が出ていない面もあります。

このような、「中には熱心ではない教員もいる」といった回答は絶対に避けなければなりません。なぜなら、もしそういう教員がいた場合には、受験者は教務主任として、その教員を説得して熱心に取り組ませなければならないはずだからです。自分自身の指導不足を露呈してしまうことはもちろん、現任校の校長や教頭の教員に対する指導が甘いということになってしまいます。自分が勤務している学校を批判するような回答では、まず面

接試験に合格することはできません。現実にそういう教員がいたとしても、面接試験では次のような回答の仕方で、現任校の批判になり得る回答は避けるべきです。

◆肯定的な見方・捉え方で伝える

> （略）
>
> **面接官** 成果は出てきていますか。
>
> **受験者** 授業研究については授業者だけでなく全員が熱心に取り組んでいるので、校内研究で成果が徐々に出てきています。
>
> **面接官** **教務主任として進めていくのは大変ですよね。中には熱心に取り組まない教員もいるのではないですか。**
>
> **受験者** 研究内容について十分な理解ができていない教員には、教務主任の私と研修主任の２人で、授業参観して指導したり支援したりしています。少しずつ熱心に取り組むようになってきています。

　上記の回答は、自分の取組みによって、「少しずつ熱心に取り組むようになってきています」という表現になっています。このように、現任校の様子を聞かれた場合は、すべてを否定するのではなく、少しずつでもよくなっているというような肯定的な見方・捉え方で回答することが大切です。

　課題は認識しつつも、適切な対策に取り組んでいるという態度を示します。そうすることによって、面接官は「これなら他の学校に管理職として着任しても、実践できるに違いない」と評価してくれるのです。

　現任校の様子の伝え方が、合否を分ける場合もあります。

　面接において、「何を判断・評価されているのか」を考えれば、自ずと現任校の批判はできないはずです。

3 質問を正面から捉えていない回答

◆ 「何でも知っている」ということを主張しなくてもよい

　面接試験では、知識や経験を含め、自分の知っていることをすべて話そうとすると、質問を正面から捉えられなくなってしまうことがあります。回答するときは、質問に正面から答えることを意識して、落ち着いて受け答えしましょう。

> **面接官** 体験活動をどのように充実させますか。
>
> **受験者** 体験活動には、ものづくり体験や伝統芸能体験などの「社会体験活動」、農業体験や山歩きなどの「自然体験活動」があります。さらに、老人会や幼稚園・保育園等との交流、地域の清掃活動などもあります。その中から学校で選べばよいと思います。
>
> **面接官** その中から何を選んで、どう充実させますか。
>
> **受験者** 老人会との交流などは、相手もあることなのでよほど慎重に対応しないと、十分な成果を上げられないこともあります。幼稚園や保育園では、年齢差があるので話がかみ合わないなど難しいこともあり、対応に工夫が必要です。
>
> **面接官** 体験活動を行うことで、子どもたちにどんな力がつきますか。
>
> **受験者** 子どもたちの生きる力を育成するためには、さまざまな活動を展開することが大切です。ただし、すべての活動を行うことはできないので活動を選択して、子どもたちの学習意欲が高まり、豊かな人間性を育むようにする必要もあります。

　これでは、面接官の質問を正面から捉えていない受け答えになってしまっています。「どのように充実させますか」という質問ですから、充実を図っていく具体的な方法を回答しなければならなのです。自分の知識を無

理やり話そうとするので、話が袋小路に入ってしまい何を話しているのか
わからなくなってしまうのです。答えることは1つでかまいません。1つ
答えれば、面接官は次の関連質問を聞いてくるはずです。「次のことを聞か
れたら、また答えればよい」と考えて、落ち着いて回答を心がけることが
大切です。知識を披瀝する必要はまったくありません。

◆明快で、的確な回答で正対する

> 面接官 **体験活動をどのように充実させますか。**
> 受験者 ものづくり体験などの社会体験活動を行って、子どもたちの興味・
> 関心を深め、自主的・計画的に学習に取り組めるようにして、充実
> を図っていきます。
> 面接官 **他の体験活動にはどのように取り組みますか。**
> 受験者 前任校で、地域清掃などの体験活動などに取り組んだ経験がありま
> すが、子どもたちが熱心に取り組み、同じ学区の中学生などと交流
> を持つことができ、非常に有意義な活動でした。また、子どもたち
> が「さわやかな気持になった」という感想を持ってくれたのが印象
> 的です。
> 面接官 **体験活動では、子どもたちにどんな力がつきますか。**
> 受験者 粘り強く取り組んでいく心や、最後までやり抜こうという心などを
> 育むことができます。子どもたちに生きる力をつけていくためには、
> 体験活動はとても重要であり、積極的に取り入れていきたい活動で
> す。

　面接試験では、質問を正面からしっかり捉え、明快で的確に回答するこ
とが最も大切です。学校の重点目標について教職員から聞かれたときに、
的確に回答できなくては管理職として信頼を失ってしまいます。保護者か
らの質問の場合も同様です。管理職として必要な資質の1つが、教職員や
保護者との的確な会話、適切な対応なのです。

4 | 管理職ではなく 一般教員の視点の回答

◆得意分野に関する回答は要注意

　自分が長年にわたって研究してきた分野に関して聞かれた場合、専門性をアピールしようとして、どうしても回答が長くなってしまいがちです。また、管理職としての資質を問われているにもかかわらず、一般教員としての視点で答えている受験者がよくいます。例えば、次のような回答です。

面接官 国語教育の充実にどのように取り組みますか。

受験者 私は国語主任をしていたことがありますが、学年で教材研究をしたり、指導と評価の一体化に努めたり、発問と指示をどのように効果的に行うかを考えたり、授業研究に力を入れていました。また、国語授業の質的改善に力を入れ、その結果、国語が好きな子どもが増えた経験があります。

面接官 学校全体としてはどうしたらよいと思いますか。

受験者 学習指導要領の趣旨を理解し、国語教育の教科指導の重点について検討することが大切です。それを基に指導形態の工夫に取り組み、日々の授業の活性化に努めることが必要です。授業では、音読を重視し、新出漢字などはしっかり覚えるようにさせて、評論文や物語教材などに力を入れることも重要です。

　この回答では、一般教員としての回答になってしまっています。これは国語主任としての経験から、国語に精通していることが逆の効果をもたらしてしまった例です。また、自分の得意分野の教科内容に関する回答は、どうしても話が長く、細かくなってしまいがちです。教科内容に精通していればいるほど、すべてのことを話してしまいたくなって回答が間延びしてしまうのです。こうしたことは避けなければなりません。

◆管理職として学校全体を俯瞰した回答を

　管理職の立場で重要なのは、学校全体を俯瞰し、国語教育の充実を図るために推進すべき方策です。これをふまえると、例えば、次のような回答になります。

> 面接官　**国語教育の充実にどのように取り組みますか。**
> 受験者　教頭・主幹教諭・国語主任・学年主任等で、国語指導推進委員会の組織を立ち上げ、現任校の国語教育の課題について検討・実践して校内研修の活性化を図ります。
>
> 面接官　**学校全体としてはどうしたらよいと思いますか。**
> 受験者　全教職員を指導法改善部、教材研究部、資料部の３つの研究部のいずれかに所属させて、指導法の改善や教材研究、資料の研究などを着実に進めていきます。
>
> 面接官　**子どもたちの学習意欲の向上は図られますか。**
> 受験者　毎月１回研究授業を行って、授業技術の向上に努め、わかる授業を実践していきます。また、個別指導やグループ指導、くり返し学習、学習内容の習熟度別指導など個に応じた指導を充実させることで、子どもたちの学習意欲の向上と学習習慣の確立を図ることができます。

　面接試験では、一般教員ではなく、管理職の視点で回答しなければなりません。「学校全体の教職員をどのようにして動かして問題の解決に当たらせたらよいのか」「どうすれば全教職員が取り組むのだろうか」という視点を必ず踏まえて回答しましょう。

　つまり、面接試験においては、管理職の立場で学校全体をどのように動かしていくのかというロードマップを持った回答が求められるのです。管理職に必要なのは、学校という組織を動かし、教職員を督励し、成果を出し、子どもたちの変容を進めていくという組織を動かす力です。それを面接試験では示せばよいのです。

5 | 当事者意識がなく評論家のような回答

◆理想論だけ述べていて具体性に欠ける回答

　理想論だけを述べて、具体性がない回答では、面接官から評価を得ることができません。評論家であれば、それでもよいかもしれませんが、管理職試験の面接は、あくまで現場を指揮監督できるか、その適性を見る試験です。問題に対して管理職としての当事者意識を持った回答をするべきです。例えば、次の回答はどうでしょうか。

面接官 豊かな心の育成をどのように図ったらよいと思いますか。

受験者 豊かな心とは、真理を求める心や自然を愛し美しいものや崇高なものに感動する心、生命を尊重する心や他人を思いやる心のことです。また、感謝の心や公共のために尽くす心なども豊かな心だと考えます。

面接官 その中から何を選んで、子どもたちに身に付けさせますか。

受験者 現在の子どもたちに最も欠けているのが、この豊かな心だと思います。確かな学力、健やかな体も子どもたちにとっては重要ですが、この豊かな心の育成こそが最も緊急かつ重要なことだとの認識を教職員は持たなければなりません。

面接官 具体的には、どのように育成していきますか。

受験者 子どもたちに豊かな心が育成できれば、いじめや不登校等など心の問題の解消につなげることができると思います。迷っているときではありません。今こそ学校全体の総力を挙げて、この豊かな心の育成に向かっていくべきだと思います。

　「緊急かつ重要なことだとの認識を教職員は持て」とか、「学校全体の総力を挙げて、この豊かな心の育成」と述べていますが、これでは具体性に

欠けています。「豊かな心を育成すれば、いじめや不登校等が解消できる」というのも、具体的な方策が伴わなければ、理想論にすぎません。

◆学校現場で行っていくという視点を忘れない回答を

面接試験では、学校現場でどのようにアプローチしていくのかという視点を忘れないことが大切です。つまり、現任校ではどのように取り組み、どのように成果をあげていくのかという、具体的かつ現実的な考えや意識に立った回答をすべきなのです。

面接官 **豊かな心の育成をどのように図ったらよいと思いますか。**

受験者 「特別の教科　道徳」の時間を中心に、総合的な学習の時間や特別教育活動の時間、国語、社会、生活科など学校で行われているすべての教育活動を通じて、豊かな心を育成することが必要だと考えています。

面接官 **具体的には、どのように子どもたちに身に付けさせますか。**

受験者 毎日行う授業における子どもたちの主体的な活動、それによって得られる自己肯定感がまず必要です。そこから自他を大切にする心が育成されます。また、教職員の資質と能力の向上を図り、授業の中ですべての子どもたちを認め、支援していくということが大切です。

面接官 **授業の中だけで、豊かな心を育成するのですか。**

受験者 教職員の指導力を高め、児童会活動を活性化させ、あいさつ運動や丁寧な言葉遣い運動などを進め、子どもたちの言動を変容させていくように取り組みます。また、保護者・地域との協力連携も重要なので、早寝・早起き・朝ごはん運動などを進め、基本的生活習慣を育成し、子どもたちの生活態度を落ち着かせ、子どもの心の安定化を図るようにします。

学校は組織体ですから、組織を用いて、教職員を動かし、指導力を発揮することが、面接試験の鍵となります。校長や副校長、教頭は、管理職であるとともに、指導職でもあることを常に意識しましょう。

6 知ったかぶりのような 回答

◆わからないことは正直に答える

　面接試験では、質問されたことについて、本当は知らないのに、いかにも知っているようなそぶりをしてしまうことがあります。いわば、知ったかぶりの回答ですが、これはよくありません。例えば、次のような例です。

面接官 インターネットの活用はどのように進めていますか。

受験者 校内 LAN が結ばれており、どの教室からもインターネットに接続することができます。何かを調べたりするのに、とても便利です。

面接官 インターネットにあらゆるものがつながるという IoT という動きについて知っていますか。

受験者 はい、あらゆるものがインターネットにつながっています。IoT などインターネットの技術は、とても進化しています。

面接官 AI などの新技術も、どんどん発達してきていますね。

受験者 はい、AI などの新技術もとても進化してきています。コンピュータの発展はすばらしいものがあります。

　この受験者は、「IoT（Internet of Things）」や「AI（人工知能）」についての知識が不確かなのです。ですから、面接官の質問をそのままオウム返しに答えてしまっています。正確に知らないのなら「申し訳ありません。わかりません」と素直に回答するほうが、面接官によい印象を与えます。上記の例では、続けて具体的な事柄は質問されていませんが、面接官によっては「IoT で、あなたが最も驚いた具体例を挙げてください」などと聞いてくる場合もあります。知ったかぶりの回答をするのは、面接ではとても危険です。

◆知らないことはすぐに調べる習慣を身に付ける

新しい言葉に出合ったら、すぐに調べるという習慣を身に付けることが大切です。「GIGA スクール構想」や「プログラミング教育」について説明できるでしょうか。面接で聞かれることを想定して、サブノートなどを作って、まとめておくとよいでしょう。日頃から勉強し、しっかりとした知識を持っていれば、次のように回答できるはずです。

面接官 **インターネットにあらゆるものがつながるという IoT という動きについて知っていますか。**

受験者 はい。IoT は、Internet of Things の略で、「モノのインターネット」ともいわれます。パソコンやスマートフォンなどの情報通信機器に限らず、すべての「モノ」がインターネットにつながることで、生活やビジネスが変わるといわれています。

面接官 **AI などの新技術も、どんどん発達してきていますね。**

受験者 はい。AI は人工知能ですが、人の脳と同じような仕組みでコンピュータが動きます。単純な仕事は、AI がするような社会になるかもしれません。

面接官 **IoT や AI で、あなたが最も驚いた具体例を挙げてください。**

受験者 家電量販店で見たオーブンは、「今晩、何作ろう？」と質問をすると、「今日は暑くなるみたい。スタミナのつく、豚肉の黒酢風味焼きはどうですか？」と提案までしてきて驚きました。会話もとてもスムーズでとてもびっくりしました。

IoT は、現時点では教育と関係性が浅くとも、いずれ確実に影響をもたらす技術であり、すでに一部の民間企業は「教育 IoT」について研究を進めています。教育者として、知っておいて損はありません。

また、新しい言葉だけでなく、「学校の管理下」や「就学義務」といった言葉も、自分で説明できるかどうか確認しておく必要があります。知ったかぶりの回答にならないよう、日頃から知識の習得に努めたうえで、どうしてもわからないことは素直に回答するようにしましょう。

7 面接官の話を さえぎるような回答

◆最後まで質問を聞かずに回答

　面接官が質問を最後まで話し終わっていないのに、せっかちに判断して勝手に質問内容を想像してしまい、途中で回答し始めてしまうのはよくありません。質問に正対できない場合も出てきてしまうからです。例えば、次のような例です。

面接官 **子どもたちに奉仕体験活動を行わせるのは……（質問が話し終わっていない）**

受験者 現任校での奉仕体験活動は、ボランティア活動や地域清掃活動などを行っています。

面接官 **そうではなくて、奉仕体験活動の目的を聞いているのです。子どもたちに奉仕体験活動を行わせるのは、何のために必要ですか、ということです。**

受験者 すみません。早とちりしました。勤労の尊さを知るために職場体験学習をしたり、ボランティア活動などの社会奉仕体験活動をしたりすることで、生徒の意識の変容を図り、社会性の育成に努めるためです。

　上記は、面接官の質問が終わっていないにもかかわらず、焦って自分勝手に問題の内容を「たぶん現任校での奉仕体験活動についてだろう」と考えて答えてしまい、正確な回答ができなかった例です。
　「そんなことは普通しないだろう」と思うかもしれませんが、面接試験で緊張し、こうしたことをしてしまう受験者がいます。面接官の話をさえぎってしまうことは、そもそも失礼ですし、正確に質問を聞きとらなければ、的確な回答はできません。

◆最後まで話を聞いてから回答

　面接試験では、慌てる必要はまったくありません。落ち着いて、ゆっくりと話せば、次のように回答できるはずです。

> **面接官**　**子どもたちに奉仕体験活動を行わせるのは、何のために必要ですか。**
> **受験者**　はい（ひと呼吸置く）。勤労の尊さを知るために職場体験学習をしたり、ボランティア活動などの社会奉仕体験活動をしたりすることで、生徒の意識の変容を図り、社会性の育成に努めるためです（ゆっくり、はっきり話す）。
> **面接官**　**学年ごとの活動内容を答えてください。**
> **受験者**　1年生は、地域の老人施設訪問を行って演劇や楽器演奏をします。2年生は、地域の事業所や職場で3日間の職場体験をします。3年生は、PTAや保護者、地域の自治体などと地域清掃活動をしています。
> **面接官**　**学校全体の組織では、どんな問題点が出ていますか。**
> **受験者**　学年によって、活動する時間が多い学年と少ない学年の差が出てきて、均等になるように努力しています。

　せっかちに判断して答えないためには、1つの質問を聞き終えたら、ひと呼吸挟むことを意識して、落ち着いて回答することが大切です。「はい」と返事をしながら、質問内容を頭の中で復唱してもよいでしょう。また、ゆっくり、はっきり話しましょう。

　冷静に回答すれば、面接官の印象もよくなるはずです。管理職になった場合には、児童・生徒や教職員、保護者、地域の住民などから何か聞かれる場合があります。面接官は、受験者がそうしたときにどのような対応をするのかも見ているのです。

　相手の話を最後まで聞いてから、しっかりと回答するという姿勢が管理職には必要なのです。

第4章

最新の教育課題に関する質問20

Q1

GIGA スクール構想を どのように実現していきますか

◎各教科で ICT を活用した授業を行い、学習活動を一層充実させる。

Q GIGA スクール構想とはどのようなものですか。

A 1人1台端末と、高速大容量の通信ネットワークを一体的に整備し、多様な子どもたちを誰一人取り残すことなく、公正に個別最適化され、資質能力が一層確実に育成できる教育 ICT 環境を実現することです。

Q 今までの教育方法とはどのように変わるのですか。

A 児童生徒1人ひとりの反応を踏まえた双方向型の一斉授業や、デジタル教材を活用し、1人ひとりの学習状況に応じた個別学習、各自の考えを即時に共有した協働学習などを行うことができます。

Q どのような教科で行うのですか。

A どの教科でも行うことができます。国語では、書く過程を記録して文章作成に役立てたり、社会ではデータを加工して可視化したり、分析したりすることができます。また、数学で関数や図形の変化を可視化したり、理科で観察・実験を動画等で記録して考察を深めることができます。

Q 端末を利用して授業を行う際に留意すべきことはありますか。

A 1人1台端末を活用することの意義やその方法・留意点等について、教職員への研修や家庭・保護者等への情報提供を十分に行うことが重要です。

押さえておこう

1. 文部科学省「GIGA スクール構想の実現へ」、中央教育審議会答申「『令和の日本型学校教育』の構築を目指して～全ての子供たちの可能性を引き出す、個別最適な学びと、協働的な学びの実現～（答申）」（令和3年4月22日更新）をしっかり確認しておく。

2. GIGA スクール構想の背景や STEAM 教育との関連も説明できるように備えておく。

Q2 令和の日本型学校教育の構築にどのように取り組みますか

ここがポイント！

◎日本型学校教育を発展させ、持続可能な社会の創り手を育成する。

Q なぜ令和の日本型学校教育の構築を図る必要があるのですか。

A 社会の在り方が劇的に変わる「Society5.0 時代」が到来し、先行き不透明な「予測困難な時代」を迎える中、一人ひとりの児童・生徒が、自分のよさや可能性を認識して、多様な人々と協働しながら、持続可能な社会の創り手となることができる資質・能力を育成することが求められているからです。

Q 今までの学びとは異なるのですか。

A 日本型学校教育の持つ、授業で子どもたちの思考を深める「発問」を重視してきたことや、一人ひとりの多様性と向き合いながら１つのチームとしての学びに高めていくという強みを最大限に生かし、発展させていくことが大切です。

Q 具体的にはどのように行っていくのですか。

A 児童生徒が一人で取り組むよりも、多くの実践の場やさまざまな場面での話し合いなどを通して、知・徳・体を一体的に育み、協働的な学び合いを推進することが必要です。

Q 児童・生徒に何が求められていますか。

A 自ら見通しを立てたり、学習の状況を把握して新たな学習方法を見いだしたり、自ら学び直しや発展的な学習などを行い、主体的に学習を調整することが求められています。

押さえておこう

1. これまで以上に子どもの成長やつまずき、悩みなどの理解に努め、個々の興味・関心・意欲等を踏まえてきめ細かく指導・支援することが求められる。
2. 一斉授業か個別学習か、履修主義か修得主義か、デジタルかアナログか、遠隔・オンラインか対面・オフラインかといった「二項対立」の陥穽に陥らないことが重要である。

「個別最適な学びと協働的な学び」とは何ですか

ここがポイント！

◎多様性・包摂性を高め、すべての子どもたちの可能性を引き出す学び。

Q 「個別最適な学びと協働的な学び」について説明してください。

A 令和3年の中央教育審議会答申で提言されたもので、学習方法の質を指導の個別化、学習の個性化に転換するとともに、関わり合いや学び合いの中で協働的な学びを進めることです。

Q 指導の個別化と学習の個性化について詳しく説明してください。

A 指導の個別化は、教師が支援の必要な子どもにより重点的な指導を行ったり、一人ひとりの特性や学習進度、学習到達度等に応じ、指導方法・教材や学習時間等の柔軟な提供・設定を行うことなどです。学習の個性化は、子どもの興味・関心・キャリア形成の方向性等に応じ、探究において課題の設定、情報の収集、整理・分析、まとめ・表現を行うなど、学習が最適となるよう調整することです。

Q 協働的な学びはどうですか。

A 探究的な学習や体験活動などを通じ、子ども同士や地域の方々などの多様な他者と協働しながら、持続可能な社会の創り手として必要な資質・能力を育成することです。例えば一斉授業では、集団の中での個人に着目した指導や、同一学年・学級の児童生徒同士の学び合いだけでなく、異学年間の子どもや他の学校の子どもとの学び合い、地域の方々や専門家の方とともに、問題の発見や解決に挑む授業展開などの視点から授業改善を図ります。

押さえておこう

1．文部科学省「学習指導要領の趣旨の実現に向けた個別最適な学びと協働的な学びの一体的な充実に関する参考資料（令和3年3月版）」を参照し、理解を深めておく。
2．「個別最適な学びと協働的な学び」の一体的な充実に向けては、カリキュラム・マネジメントの充実が重要であり、学校や地域の実態に応じた柔軟な判断が求められる。

STEAM 教育の推進を どのように進めていきますか

> **ここがポイント!**
> ◎教科等横断的な視点でカリキュラム・マネジメントを行う。

Q STEAM 教育とは何ですか。

A Science、Technology、Engineering、Art、Mathematics という 5 つの分野に関わる教科等横断的な教育です。

Q どのようなことから取り組みますか。

A STEAM 分野が複雑に関係する現代社会に生きる市民として必要となる資質・能力を育成するために、小学校の生活科や小・中学校の総合的な学習の時間、高等学校の総合的な探求の時間や理数研究で学習の充実を図ることが必要です。

Q 効果的に進めるには、どんなことが重要ですか。

A 実社会につながる課題の解決等を通じた問題発見・解決能力の育成やレポートや論文等の形式で課題を分析し、論理立てて主張をまとめることを通じた言語能力の育成、プログラミング的思考などの育成について、文理の枠を超えて教科等横断的な視点で進める必要があります。

Q 推進していく際に気をつけることはなんですか。

A 児童生徒の発達段階に応じて、一人ひとりの興味・関心を生かした学習活動を課すことにより、児童・生徒自身が主体的に学習テーマや探究方法等を設定することです。

> **押さえておこう**

1. STEAM の A は、芸術・文化のみならず、広い範囲（Liberal Arts）で定義し、推進することが重要である。
2. 文部科学省「STEAM 教育等の各教科等横断的な学習の推進」を要チェック。

Q5 # 教員の働き方改革を
どのように進めていきますか

ここがポイント！

◎**教員が担うべき業務の明確化・適正化を図る。**

Q **教員の働き方のどこに問題がありますか。**

A 教育は時間をかけて丁寧に取り組むのがよいという考えが支配的で、長時間学校にいて子どものために仕事をするのがよい教員であると思われてきたことです。

Q **その結果どのような問題が起きていますか。**

A 授業準備や成績処理、調査・統計等への事務などが増えて、教員が過度の勤務状態になり疲弊してしまい、授業や指導の質の低下を招いていますし、心を病んで病気休暇を取る教員も出てきています。

Q **働き方をどのように改善したらよいですか。**

A 勤務時間の管理を徹底したうえで、学校及び教師が担う業務の明確化・適正化が必要です。「基本的には学校以外が行う業務」「学校の業務だが、必ずしも教師が担う必要のない業務」「教師の業務だが、負担軽減が可能な業務」に分けて精選したり、「チームとしての学校」として、事務職員、サポートスタッフ等との連携・協力を図り、教員の負担軽減に努めることが大切です。

Q **他の改善点はありますか。**

A 業務の偏りの平準化のため、状況に応じて校務分掌を柔軟に見直したり、勤務時間外の部活動指導や行事の過剰な準備等、本来家庭や地域社会が行うべき業務についても、適宜見直しを行います。

押さえておこう

1．教員の平均的な1日あたりの勤務時間は小・中学校とも11時間を超えている。
2．「過労死ライン」（月80時間以上の時間外労働）を超えているのは異常である。

Q6 新型コロナ感染症に対応した学校経営にどう取り組みますか

> **ここがポイント！**
>
> ◎感染防止策を徹底し、保護者・地域との適切な連携に努める。

Q 新型コロナウイルス感染症の感染防止にどのように取り組みますか。

A 健康観察表を活用し、児童・生徒の健康状態を把握した上で、手洗いや咳エチケット、換気、マスク着用、清掃・消毒を徹底します。また、教室での机の並べ方も密集・密接・密閉の三密を徹底的に避けるように努めます。また、児童・生徒が長時間、近距離で行うグループワークや、大きな声で話す活動は控えます。

Q 学校経営としてはどんなことを心がけますか。

A 文部科学省や教育委員会などが示すマニュアル・ガイドライン等を参考に、児童・生徒が集団で生活する学校の中での感染を防ぎ、全教職員に新型コロナウイルス感染症の感染防止の重要性を自覚させることを心がけます。

Q 保護者・地域とはどのように連携しますか。

A 家庭内での感染も起きうるため、各家庭で毎朝の検温を家族全員で行うよう依頼します。また、新型コロナウイルス感染症に関する偏見や差別等が生じないよう、人権に配慮した行動について、児童・生徒はもちろん保護者・家庭にも周知を図ります。分散登校を実施する場合には、PTA や保護者、地域のボランティア等と連携した見守り活動などを行います。

> **押さえておこう**
>
> 1．文部科学省「学校における新型コロナウイルス感染症に関する衛生管理マニュアル～『学校の新しい生活様式』～ (2022.4.1 Ver.8)」を確認する。
> 2．同じく文部科学省「新型コロナウイルス感染症に対応した持続的な学校運営のためのガイドライン」等も要確認。

Q7 新しい生活様式にどのように
取り組んでいきますか

ここがポイント！

◎授業・休み時間・給食・行事など徹底した対策を行う。

Q 新しい生活様式にどのように取り組んでいますか。

A 今までは給食の時間は、班ごとに机を向かい合っておしゃべりをしな
がら食べていたのですが、机の並び方の密集、密接、密閉の三つの密
を防ぐために、黒板を見て一人で前を向き、友だち同士でしゃべらな
いようにして食べています。

Q 他にはどのようなことに取り組んでいますか。

A 学校行事については、新しい生活様式をふまえ、密集を防ぐために運
動会を低学年と高学年の2つに分けて実施したり、卒業生を送る会は
各学年が撮った映像を6年生の各学級でビデオを見るようにしたりし
て、工夫しています。

Q 児童・生徒にはどのように指導していますか。

A 児童生徒は風邪やインフルエンザなどの感染防止の経験をしているの
で、それに学び、目に見えないウイルスの感染を防止するにはウイル
スの飛沫を浴びないようにして、うがいや手洗いをしっかりすること
が大切と指導しています。

Q 保護者・家庭とはどのように対応していますか。

A 学校行事等は保護者も楽しみにしているので、新しい生活様式に関し
ては、今までとどのように違うのかについて、保護者会や学校だより、
学校ホームページで詳しく説明して理解と協力を求めています。

押さえておこう

1．すべての学校行事の見直しをすることが求められている。
2．新しい生活様式が教員の新たな負担にならないような工夫も必要である。

Q8 緊急事態を想定した危機管理体制をどう確立しますか

ここがポイント！

◎感染症対策を含め、組織的に見直して体制を再構築する。

Q 学校の危機管理についてどのように考えていますか。

A 新型コロナウイルス感染症対策を含め、地震や異常気象、学校内外での事件・事故等、学校経営にはさまざまな危機がはらんでおり、危機管理体制を組織的に見直し、改善する必要があります。

Q どのようなことに取り組めばよいですか。

A 学校保健安全法に規定されている「学校安全計画」と「危険等発生時対処要領」、いわゆる学校危機管理マニュアルを定期的に見直します。人事異動等による分担や組織変更をはじめ、今回の新型コロナウイルス感染症や、近年見られる SNS 等に起因する犯罪被害をはじめ、社会情勢の変化や他校の事例をふまえ、自校に不足している点はないかなどを見直します。

Q その他、効果的に推進するにはどうすればよいですか。

A 校内の施設・設備を使用する際に、教職員が「ヒヤリ・ハット」と呼ばれる危機意識を持てるよう、留意すべき点を伝える校内研修を行います。また、消防士や警察官等を招いた研修も定期的に設けます。

Q 学校だけで推進できますか。

A 地域・保護者との連携を図り、危機に対応する訓練や防災訓練等を実施し、学校や教師、子どもたちだけでなく、地域・保護者を含む危機意識の向上に努めます。

押さえておこう

1．文部科学省「学校の『危機管理マニュアル』等の評価・見直しガイドライン」を確認して見直しを行う。

2．「事前の危機管理」「発生時（初動）の危機管理」「事後の危機管理」という3つの視点から整理し、十分な対策を図っておくことをが必要である。

SDGsにどのように取り組みますか

ここがポイント！

◎総合的な学習の時間を中心に各教科でも関連づけて取り組む。

Q SDGs とは何ですか。

A 「Sustainable Development Goals（持続可能な開発目標）」の略称で、2030 年までに持続可能でよりよい世界を目指す国際目標です。「貧困をなくそう」「質の高い教育をみんなに」といった 17 項目の目標と具体的な 169 のターゲットを設けています。2030 年を達成期限とした世界共通の目標です。

Q 児童・生徒にどのように理解させ、実践させますか。

A 総合的な学習の時間に 17 の目標を示して、何か実践できるものはないか話し合いました。その結果、目標 11 の「住み続けられるまちづくりを」を実践しようということになり、学校の通学路のゴミ拾いに取り組み、空き缶やペットボトルがたくさん集まり校区を清潔にすることができました。

Q 他にはどのような工夫が必要ですか。

A 社会の単元で「貧困」「平和」に関連づけたり、理科で「気候変動」に触れるなど、各教科でも SDGs ついて考えるきっかけにして、児童生徒の SDGs に対する理解を深めていくことが必要だと思います。また、各学級の実践を学校のホームページ等で紹介することで、児童・生徒が達成感を得ながら学ぶことが期待できます。

押さえておこう

1．SDGs は、「誰一人取り残さない（no one left behind）」社会の実現を目指すものある。
2．政府組織のみならず社会のあらゆる主体が積極的な役割を果たすことが期待されている。

Q10 プログラミング教育を どのように進めていきますか

ここがポイント！

◎プログラミングの仕組み、コンピュータのよさに気づかせる。

Q プログラミング的思考はなぜ必要なのですか。

A コンピュータを理解し上手に活用していく力を身に付けることは、あらゆる活動においてコンピュータ等を活用することが求められるこれからの社会を生きていく子どもたちにとって、将来どのような職業に就くとしても、極めて重要だからです。

Q プログラミング的思考とはどのようなものですか。

A 自分が意図する一連の活動を実現するために、どのような動きの組合せが必要であり、一つ一つの動きに対応した記号を、どのように組み合わせたらいいのか、記号の組合せをどのように改善していけば、より意図した活動に近づくのかなどを論理的に考える力です。

Q 学校として、どのようにプログラミング教育を実施しますか。

A 教育課程全体を見渡しながら、プログラミング教育を実施する場面を適切に位置付け、必要に応じて外部の支援も得つつ実施します。

Q 具体的には、どのような学習活動を行いますか。

A コンピュータを動かすにはプログラムが必要であり、一度プログラムを作ってしまえば何度でも繰り返して実行できることや、手で書くことなどと比較して、コンピュータは高速で、毎回正確で同じ処理が得意である、といったコンピュータのよさに気づかせるような工夫をした学習活動を行います。

押さえておこう

1. 小学校では、プログラミング言語を覚えたり、プログラミングの技能を習得したりすること自体をねらいとしているのではない。

2. 文部科学省「小学校プログラミング教育の手引（第三版）」（令和2年2月）、同「教育の情報化に関する手引―追補版―」（令和2年6月）を確認しておく。

「主体的・対話的で深い学び」とは何ですか

Q11

◎課題の発見と解決に向けて主体的・対話的に学ぶ指導方法。

Q 「主体的・対話的で深い学び」について説明してください。

A 学習指導要領で示された、新しい授業の方法論です。中央教育審議会答申までは「アクティブ・ラーニング」の言葉が使われていました。

Q 具体的な内容について知っていますか。

A はい。3つの視点があります。1つ目は、学ぶことに興味や関心を持ち、見通しを持って粘り強く取り組み、自己の学習活動を振り返って次につなげる「主体的な学び」です。2つ目は、子ども同士の協働、教職員や地域の人との対話等を通じ、自己の考えを広げ深める「対話的な学び」、3つ目は、各教科等の特質に応じた見方・考え方を働かせながら、知識を相互に関連付けてより深く理解したり、問題を見いだして解決策を考えたりすることに向かう「深い学び」です。

Q 今までの学習形態とは異なるのですか。

A 教員による一方的な講義ではなく、発見学習、問題解決学習、体験学習、調査学習、グループ・ディスカッション、ディベート、グループ・ワークなどの形態で実践します。

Q 学校全体として、「主体的・対話的で深い学び」をどう推進しますか。

A 教科等の枠を越えた校内の研修体制の構築や教材研究、学習評価の改善・充実などを図り、学校教育目標や育成を目指す資質・能力を踏まえ、教員間で情報共有しながら、学校全体で指導力の向上を図ります。

押さえておこう

1. 学習指導要領は、平成29年3月31日に文部科学省告示として公示された。小学校は令和2年度、中学校は令和3年度からそれぞれ全面実施された。
2. 「アクティブ・ラーニング」は、中央教育審議会の審議のまとめや答申で使われていたが、学習指導要領では、概ね「主体的・対話的で深い学び」に置き換えられた。

Q12 インクルーシブ教育の推進に どう取り組みますか

ここがポイント!

◎障害の状態や教育的ニーズに応じた指導や支援を行う。

Q インクルーシブ教育の推進に必要なことは何ですか。

A 障害のある者と障害のない者が可能なかぎり共に学ぶという、インクルーシブ教育システムの理念をしっかりと理解することです。その中で、学校教育は、通常学級、通級指導教室、特別支援学級、特別支援学校等の多様な学びの場を整備し、障害者の自立と社会参加を見通した取組みを進めることが大切です。

Q 学校としてはどのように取り組むと効果的ですか。

A インクルーシブ教育推進の中心者となる特別支援教育コーディネーターを校務分掌に明確に位置付け、その職が組織的に機能するよう、管理職・教務主任・学年主任・養護教諭も参加するインクルーシブ教育推進校内委員会を組織します。委員会では、教育・医療・福祉などの関係機関との連携を図り、組織として対応できる協働体制を確立するとともに、全体計画・年間指導計画の見直しを図って進めます。

Q 直接指導にあたる教職員のインクルーシブ教育に関する理解を深めるにはどうしますか。

A LD（学習障害）、ADHD（注意欠陥多動性障害）、高機能自閉症等への理解など、教職員の専門性を向上させる校内研修を実施してその能力向上を図ります。さらに、最新の情報を収集するため、専門的な講師を招聘して行う研修も計画的に進めていきます。

押さえておこう

1．児童・生徒一人ひとりの障害の実態や課題を十分に把握し、個別の指導計画や支援計画を作成し、児童・生徒の支援に努める。
2．スクールカウンセラー、スクールソーシャルワーカー、ST（言語聴覚士）、OT（作業療法士）、PT（理学療法士）の活用を図る。

Q13 性同一性障害等に どのように対応しますか

◎組織的に対応し、きめ細やかな対応を心がける。

Q 性同一性障害について説明してください。

A 性同一性障害とは、生物学的な性と性別に関する自己意識（性自認）が一致しないため、社会生活に支障がある状態のことです。

Q 性同一性障害等に係る児童・生徒には特有の支援が必要ですが、学校生活の中でどのように対応し、取り組みますか。

A 性同一性障害等に係る児童・生徒の支援は、最初に相談（入学等にあたって児童・生徒の保護者からなされた相談を含む）を受けた教職員だけで抱え込むことがないように、組織的に取り組むことが重要です。学校内外にサポートチームを作り、支援委員会（校内）やケース会議（校外）等を適時開催して、その対応にあたる必要があります。

Q 学校生活の中での性によるさまざまな区別やきまり等についてはどのようにしますか。

A 服装、髪型、更衣室、トイレ、呼称の工夫、授業、水泳等体育の授業、運動部の活動、修学旅行等で、性同一性障害等に係る児童・生徒に対して、きめ細やかな対応をして支援をします。こうした性同一性障害等に係る児童・生徒等がいることを考慮して、生徒指導上のきまりの遵守だけを厳しく進めないように教職員で共有します。

押さえておこう

1. 児童・生徒自身の性同一性の秘匿を踏まえ、教職員間での情報共有には十分注意し、情報の漏洩や流失が絶対に起きないようにする。
2. 文部科学省「性同一性障害や性的指向・性自認に係る、児童生徒に対するきめ細かな対応等の実施について（教職員向け）」（平成28年4月1日）も確認しておく。

Q14 タブレット端末等を授業でどう活用しますか

> **ここがポイント!**
>
> ◎一人ひとりの習熟の程度に応じた学習を進める。

Q パソコン教室の整備が進められ、タブレット型情報端末が各学校に導入されています。このタブレット型情報端末を授業でどのように活用していきますか。

A タブレット端末は、パソコンと比べて情報の取得と閲覧が手軽にでき、その仕組みはスマートフォンに似ています。機器の起動が早く、ホームページやメールが手軽に閲覧できて、写真や動画、音楽まで楽しむことができるので、授業中にタブレット端末を子どもたちが持つことによって、一人ひとりの習熟の程度に応じた学習を進めることができます。

Q 他にはどんな利点がありますか。

A 学習グループでタブレット端末を活用して、グループや学級全体での話し合いや発表、分担・協議による作品の製作などにも使うことができます。マルチメディアを用いた資料、作品の製作も可能になってくると思います。

Q さらに効果的に使用するには、どうしたらよいと思いますか。

A 電子黒板などの画面の拡大や動画の視聴によって、子どもたちの興味・関心を深め、学習課題や学習内容の理解を進めることが必要です。一人1台の情報端末（タブレット端末）だけでなく、大型電子黒板などの情報環境の整備をしっかり推進することが必要です。

> **押さえておこう**

1. タブレット端末や電子黒板を利用して、教室内だけでなく他の学校との交流や意見交換を進め、教えあい学びあう学習を進める。
2. タブレット端末の持ち帰りによる予習や復習等の家庭学習にも活用することができて、学習内容の定着をしっかり図ることができる。

Q15 学校ICT利活用の ねらいは何ですか

ここがポイント！

◎ ICT 利活用は、学校教育・運営の情報化が目的である。

Q 学校における ICT（情報通信技術）利活用のねらいは何ですか。

A ３つあります。①児童・生徒の情報活用能力の育成、②教科指導の中での活用、③校務の情報化や効率化です。

Q 児童・生徒の情報活用能力の育成は、どんな効果があるのですか。

A コンピュータリテラシー（コンピュータを使いこなす能力）が養われることで、課題や目的に応じた情報を収集し、必要なものかどうかを判断・整理し、表現を工夫するというような力が身に付きます。

Q 教科指導の中での活用とは、具体的にどのようなことですか。

A コンピュータやインターネットを利用し、アニメーションや動画コンテンツなども使うことで、児童・生徒が授業内容を視覚的に捉えることができる、わかりやすい授業を実践できるようになります。

Q 校務の情報化や効率化とは、どんなことですか。

A 児童名簿の作成や成績の処理等に ICT を利活用すると、効率化を図ることができます。また、従来は紙で印刷して配付した情報を、大型スクリーンで校内に知らせるようにすると、ペーパーレスにもつながります。

Q ICT 利活用を進める中で、気を付けることはありますか。

A 学校全体が校内 LAN で結ばれていると、教室の情報がインターネットを通じて外部に流出してしまうこともあります。情報セキュリティを高めて、情報管理の徹底に努めていく必要があると思います。

押さえておこう

1．高度情報社会を生き抜くためには、児童・生徒も教職員も ICT 利活用技術が必要である。
2．授業や校務の ICT 利活用が進めば進むほど、情報の漏洩を防ぐための適切な管理が必要になる。

Q16 主権者教育にどのように取り組みますか

ここがポイント!

◎社会の構成員として地域の課題解決を担う力を身に付けさせる。

Q 選挙権の投票できる年齢が18歳に引き下げられましたが、学校としてはどのように対応したらよいですか。

A 18歳選挙権の実施ということで、学校としては、「主権者教育」として政治教育に取り組むことが必要です。児童・生徒が、主権者として社会の中で自立し、他者と連携・協働しながら、社会を生き抜く力や地域の課題解決を社会の構成員として主体的に担う力を身に付けさせることが必要だと思います。

Q 具体的にはどのように実践していきますか。

A 総務省と文部科学省が政治や選挙等に関する高校生向け副教材として示す「私たちが拓く日本の未来」の中から中学生にも活用できそうなものを校内の主権者教育研究委員会で研究して、授業で行います。この教材では、話し合いを深める方法としてブレインストーミングやKJ法、グループでの話し合いや振り返りなどが示されており、これは十分実施可能であると思います。

Q 主権者としての視点の育成を工夫するにはどうしますか。

A グローバルな視点で国や世界のことを知ることと同様に、ローカルな視点で身近な町の政治状況を知ることが、地域を作り、支えるためには必要です。これら地域課題の見つけ方も授業の中で教えることが十分可能だと思います。

押さえておこう

1. 学校での主権者教育を推進するには、教育課程に関する国の基準である学習指導要領に従って実施することが必要である。
2. 政治的中立性の観点から、教員が特定の政党・政治家の支持を明確にしたり、賛成・反対を伝えたりすることはあってはならない。

Q17 余裕教室の活用に どう取り組みますか

ここがポイント!

◎学習・指導方法の多様化に対応したスペースとして活用する。

Q 児童・生徒数の減少により、学級数も減り、日常的には学級で使わない教室、いわゆる余裕教室が多く生まれています。あなたは、余裕教室の活用にどのように取り組んでいきますか。

A まず余裕教室をオープン教室のように考えて、各学年で使用目的を考えさせます。教科によっては、2学級を3つに分けて習熟度別指導に取り組ませることがあり、今までは、同じ教室内でAというグループは前を向かせ、Bというグループは後ろを向かせて学習に取り組ませていたのを、今度は別々の教室で行うことができます。

Q 他にはどんな使い方がありますか。

A 余裕教室に書架などを入れて第二図書室として低・中学年用に使ったり、第二コンピュータ室としてノートパソコン型のコンピュータでの授業を行ったりすることもできます。他には、教育相談室として使用したり、第二保健室として使用したりすることも可能です。

Q 余裕教室の管理について、どんな点に気をつけたらよいと思いますか。

A ただ単に空き教室にしておくと、子どもたちの遊び場になったり、ごみが散乱したりしてしまいます。また、こうした余裕教室を、使わなくなった机置き場や椅子置き場などにのみ利用するのは、もったいない使い方です。

押さえておこう

1. 発表会などをワークショップ形式で行うときに余裕教室が多いと、紙芝居や劇などの発表も子どもたちが伸び伸びと発表できる。
2. 学校予算が多くあれば、改装して別の教室に変えることも可能であるが、改装にはかなりの費用がかかるため、すぐには難しい。

いじめ防止について
どう考えますか

Q18

> **ここがポイント!**
> ◎いじめ防止対策推進法に基づき、学校全体で対策を推進する。

Q いじめ防止対策推進法の成立経緯について説明してください。

A 平成23年に滋賀県大津市の中学生が自殺した事件で、学校側がいじめの兆候を見逃し、自殺後の原因調査もずさんに済ませるなど、学校や市教育委員会の対応の不備が明らかになりました。この事件を受け、平成25年の6月に成立し、9月に施行されました。

Q この法律で、いじめはどのように定義されていますか。

A 「児童等に対して、当該児童等が在籍する学校に在籍している等当該児童等と一定の人的関係にある他の児童等が行う心理的又は物理的な影響を与える行為(インターネットを通じて行われるものを含む。)であって、当該行為の対象となった児童等が心身の苦痛を感じているもの」と2条1項で定められています。

Q 学校の責任はどうなっていますか。

A 8条で、学校及び教職員は、児童等がいじめを受けていると思われるときは、適切・迅速に対処する責務があるとされています。

Q どうすれば、いじめをなくせると思いますか。

A 生徒指導の充実を図ったり、早期発見のための措置を講じたり、相談体制の整備に努めたりすることなどが必要です。また、いじめなどの兆候を把握したときは、生徒指導主事を中心に対策を話し合わせ、いじめ対策マニュアルを活用して、すばやく問題解決を図ります。

> **押さえておこう**
> 1. いじめを防止するためには、学級の中で温かい人間関係を構築し、児童・生徒が明るく気持ちよい生活ができるように支援することが必要である。
> 2. 万が一いじめが起きてしまった場合は、毅然とした態度で対応することである。家庭とも連絡を取り合って、その原因を取り除く。

Q19 小1プロブレムに どう対応しますか

ここがポイント！

◎入学前の幼保小連携、入学後の支援を適切に行う。

Q あなたの学校で、小1プロブレムは起きていますか。

A 現任校でも起きています。小学校に入学したばかりの1年生が、授業中に座っていられない、担任の話を聞かない、集団行動ができないというような状態が見られます。

Q 原因は何だと思いますか。

A 少子化の影響で一人遊びが多かったり、両親が共働きのため、夜型の生活になったりという、子どもたちの家庭環境の変化が考えられます。また、人間関係の希薄化や家庭の教育力の低下など、社会全体の環境変化も原因の1つだと思います。

Q あなたの学校では、小1プロブレムを防ぐために、どうしていますか。

A 幼稚園や保育園と連携を密にして、指導の連続性を持たせるようにしています。幼稚園や保育園の参観をして情報を集めたりもしています。

Q 小学校に入学してからはどうしていますか。

A 1年生の最初の頃は、授業時間の途中で休みを入れたり、教務主任等、他の教員が支援体制に入ったりして、子どもたちを落ち着かせるようにしています。また、子どもたちが黒板を見て、ずっと座ったままでいることがないよう、学習の中にゲーム的な要素を入れたり、歌に合わせて身体を動かすようにしたりといった工夫を図っています。

押さえておこう

1. 小1プロブレムは、世の中全体の規範意識の低下や、子どもたちのコミュニケーション力の不足なども原因として考えられる。
2. 学年で同一歩調をとるようにし、できた喜びや達成感の味わえる授業展開に努める必要がある。

Q20 中1ギャップにどう対応しますか

ここがポイント！

◎小中の緊密な連携を図り、子どもに寄り添う支援を行う。

Q　中1ギャップについて、説明してください。

A　児童が、小学校から中学校への進学において、新しい環境での学習や生活へうまく適応できず、不登校等の問題行動につながっていく事態のことをいいます。

Q　あなたの学校から進学した児童に、中1ギャップは起きていますか。

A　現任校では、進学する中学校との連携を綿密に行っていますので、中1ギャップは起きていません。

Q　具体的にはどのようなことを行っているのですか。

A　6年生に中学校の1日体験入学を行ったり、中学校の生徒会の役員に中学校生活に関するガイダンスをしてもらったりして、中学校生活について子どもたちの理解を深めるようにしています。

Q　小学校として、独自に取り組んでいることはありますか。

A　学習意欲の向上のために、基礎学力の育成に努めるようにしています。また、高学年の算数科や理科では教科担任制を取り入れています。

Q　他には必要なことはありませんか。

A　中学校でも入学当初のオリエンテーションを丁寧に行ったり、スクールカウンセラーと連携して教育相談体制の充実を図ったりするなど、きめ細かな体制づくりが必要だと思います。

押さえておこう

1．教科担任制の中学校になって、担任との距離が生まれてしまうことも原因の1つであり、小学校高学年の一部の教科で2022年4月から教科担任制が実施されている。

2．強制的な指導ではなく、子どもの心に寄り添うような受容と共感の姿勢で対応する必要がある。

第 5 章

学校経営に
関する質問25

Q1 校長の職務は何ですか

ここがポイント！

◎校務を遂行し職員を監督する、学校の最高責任者である。

Q 校長の職務は、どの法規に定められていますか。

A 学校教育法37条4項に「校長は、校務をつかさどり、所属職員を監督する」と定められています。

Q 「校務」というのは何ですか。

A 「校務」とは、①学校教育の内容に関する事務、②教職員の人事管理に関する事務、③児童・生徒管理に関する事務、④学校の施設・設備の保全管理に関する事務、⑤その他学校の運営に関する事務を含むすべての事務の管理です。

Q 「所属職員を監督する」とは、どういうことですか。

A 校長は、学校の職員に対して、職務上と身分上の2つの監督権を持っています。

Q 職務上の監督とはどういうことですか。

A 職務上の監督とは、教職員の勤務時間中の行動について、法令遵守義務や職務専念義務等について監督するものです。

Q 身分上の監督とはどういうことですか。

A 身分上の監督とは、勤務時間の内外を問わず、公務員としての身分に伴う服務義務を監督することです。

押さえておこう

1. 職務上と身分上の監督について、しっかりと理解すること。
2. 「監督」とは、教職員の教育活動を把握し、適切でないときは是正、取り消し等、すべて指導・判断できる権利である。
3. 身分上の監督は、具体的には信用失墜行為の禁止（地方公務員法33条）、守秘義務（同法34条）、政治的行為の制限（同法36条）、争議行為等の禁止（同法37条）などである。

校長の資格要件とは何ですか

ここがポイント!

◎校長の資格要件は緩和され、一定の要件を満たせば校長になれる。

Q 校長の資格要件について説明してください。

A ①教諭の専修免許状または一種免許状を持ち、かつ教育に関する職に5年以上あった者、②教育に関する職に10年以上あった者、③任命権者が①または②と同等の資格を有すると認める者に、校長としての任用が認められます（学校教育法施行規則20〜22条）。

Q 「任命権者が同等の資格を有すると認める」とは、どういうことですか。

A 教育に関して高い識見を持ち、民間で活躍してきた実績を持っているということです。家庭教育や地域の教育力などに関しても、熟知している必要があります。いわゆる民間人校長です。

Q どうして校長の資格緩和がなされたのですか。

A 地域や学校の課題を的確に把握してリーダーシップを発揮し、教職員の意欲を引き出して、組織的・機能的な学校経営を行い、子どもたちに「生きる力」を身に付けさせる教育を行う必要があるからです。

Q 学校と民間とでは違うのではないですか。

A 変化が激しく、新しい未知の課題が多くなっているのは、民間も学校も同じです。学校もすべての対応をスピーディーに行わなければなりません。

押さえておこう

1. 教育に関する職の中には、学校の事務職員、国家公務員、地方公務員など学校教育法施行規則20条には、10種以上の職の例が示されている。
2. 民間で活躍してきた有能な人材は、人事・組織運営に関する多くの経験・能力を持っている。

民間人校長を どう考えますか

ここがポイント!

◎任用資格が見直され、民間からの校長登用が可能となった。

Q どうして民間人校長が登用されるようになったのですか。

A 校長の資格要件が緩和されたからです。以前は、校長になれるのは、①教員免許状を持ち、教育に関する職を5年以上経験した者、②教員免許状がなくても教育に関する職を10年以上経験している者でした。これが、③として都道府県教育委員会が、①・②と同等の資質を有する者と認めた場合も校長への登用が可能になりました（学校教育法施行規則20〜22条）。

Q 民間人校長について、どう思いますか。

A 特色ある学校づくりや自立的学校経営が求められる中で、民間で培ってきた経営能力や柔軟な発想、企画力を持っている人が任用される可能性が広がったことは、よいことだと思います。

Q 民間人校長によって、学校は変わりますか。

A 今までは教員出身者だけでしたが、学校に外部の人材を加えることによって刺激を与え、学校活性化が図れると思います。

Q 教員出身のあなたは、この流れをどのように捉えますか。

A 今までの教育実践で身に付けた経験と知識・技能を生かし、教員出身のよさを示すとともに、民間人校長の新しい経営感覚、マネジメント能力等を学んでいきたいと思っています。特に、人材育成の方法などは学ぶ点が多いと思います。

押さえておこう

1. 平成10年の中央教育審議会審答申「今後の地方教育行政の在り方について」において、校長・教頭への適材の確保の一環として任用資格の見直しが提唱され、平成12年に学校教育法施行規則が改正された。
2. 民間人校長がこれまで培ってきた経営手腕については、謙虚に学ぶ姿勢が必要である。

副校長・教頭の職務は何ですか

ここがポイント！

◎副校長・教頭は、校長を補佐し、校務を遂行する職務を持つ。

Q 副校長の職務を規定している法令を述べてください。

A 学校教育法37条5項に、「副校長は、校長を助け、命を受けて校務をつかさどる」とあり、6項には「副校長は、校長に事故があるときはその職務を代理し、校長が欠けたときはその職務を行う」と定められています。

Q 「校長を助け」とはどういうことですか。

A 校長の職務権限の行使について直接補佐をすることで、意思決定を正確に行うことができるように情報を提供し、意見具申をすることをいいます。また、校長の代理、代行も定められています。

Q 教頭の職務を規定している法規を述べてください。

A 学校教育法37条7項に「教頭は、校長（副校長を置く小学校にあつては、校長及び副校長）を助け、校務を整理し、及び必要に応じ児童の教育をつかさどる」と定められています。

Q 「校務を整理し」とはどういうことですか。

A 校長（及び副校長）の職務のすべてにわたって、校長（副校長）、教職員、保護者、地域住民の間に立って連絡調整を行い、全体的なとりまとめを行うことです。ですから、学校に関する情報については、すべて知悉している必要があります。

押さえておこう

1. 副校長の「命を受けて校務をつかさどる」とは、特定部分の校務について副校長が全責任を負って職責を果たすことをいう。
2. 教頭の「必要に応じ児童の教育をつかさどる」とは、教員の不足・出張などの場合に、教員の代わりに授業を担当することをいう。

副校長・教頭の資格要件とは何ですか

Q5

◎副校長・教頭の資格要件は、校長の規定要件が準用される。

Q 副校長の資格要件について説明してください。

A 校長と同じで、①教諭の専修免許状または一種免許状を持ち、かつ教職に5年以上あった者、②教育に関する職に10年以上あった者、③任命権者が①または②と同等の資格を有すると認める者です（学校教育法施行規則23条）。

Q 副校長はすべての学校に置かれるのですか。

A 副校長は、平成19年の学校教育法改正によって設置できるようになりました。幼稚園（幼稚園の場合には副園長）、小・中・高等学校、義務教育学校、中等教育学校、特別支援学校等に学校設置者の任意で置くことができます。

Q 教頭に民間人がなることはできますか。

A 平成18年の学校教育法施行規則の改正で、23条に「前3条の規定は、副校長及び教頭の資格について準用する」と定められました。22条に民間人校長の規定があるため、教頭にも準用されます。

Q なぜ、副校長や教頭の資格緩和がなされたのですか。

A リーダーシップを発揮し、教育に関する職の経験や組織運営に関する経験・能力に着目して広く民間から人材が確保できるように資格が緩和されました。これまでの経験を生かし、学校をよりよく改革していく原動力になることを期待されています。

押さえておこう

1. 副校長・教頭は、教育に関する深い理解と教育課程の編成・実施について具体策を持ち、家庭・地域の教育に関して熟知している必要がある。
2. 副校長・教頭が授業を行うためには教員免許状が必要であり、持っていない場合は授業を行うことができない。

Q6 校長の代理・代行は どんなときに可能ですか

> **ここがポイント！**
>
> ◎副校長・教頭は、校長の職務の代理・代行をする場合がある。

Q 校長の代理・代行を規定している法令を述べてください。

A 学校教育法37条6項に、「副校長は、校長に事故があるときはその職務を代理し、校長が欠けたときはその職務を行う」と定められています。8項には、教頭についても同じように定められています。

Q 「校長に事故があるとき」とは、どんな場合ですか。

A 「事故があるとき」とは、校長が海外出張、海外旅行、休職または長期にわたる病気等で職務を執行することができない場合です。これが校長の代理であり、副校長・教頭が職務代理者として自己の名前で校長の職務を行います。

Q 「校長が欠けたとき」とは、どんな場合ですか。

A 欠けたときですから、校長が死亡した場合、また退職した場合、免職または失職により校長が不在となり、まだ後任の校長が発令されておらず、欠員となっている場合です。これが、校長の代行であり、副校長・教頭が職務代行者として自己の名前で校長の職務を行います。

Q 代決や専決とは違うのですか。

A 代決は、校長が不在の場合に、校長の職務について至急の事案の決定を副校長・教頭が行うことです。専決は、校長の在不在にかかわらず、特定の軽易な事案の決定を副校長・教頭が行うことをいいます。

> **押さえておこう**
>
> 1. 副校長または教頭が2人以上いる場合には、あらかじめ校長が定めた順序でその職務を代理し、または行うと定められている（学校教育法37条6項・8項）。
> 2. 教頭は、校長だけでなく、副校長を置く学校では副校長の職務の代理・代行についても定められている。

Q7 開かれた学校づくりをどう進めますか

ここがポイント!

◎学校と家庭や地域社会が双方向に連携・協力し、教育活動を行う。

Q なぜ開かれた学校づくりが求められているのですか。

A 学校が正確な情報を家庭や地域に公表せず、閉鎖性を持っていると指摘されているからです。

Q あなたは校長として、開かれた学校づくりをどのように推進しますか。

A まず、感染症対策にしっかり取り組み、授業や学校行事などは、できるかぎり保護者や地域住民に公開し、子どもたちの様子や学校について知ってもらうようにします。

Q 他にはどうしますか。

A 次に、学校の正確な情報を学校だよりやホームページで公表します。学校評価の公開、学校関係者評価等を進め、学校と保護者・地域の相互理解に努めるようにします。

Q 相互理解だけでよいのですか。

A 地域の人にボランティアを依頼したり、地域学校協働本部などを活用したりして、学校教育に地域の教育力を導入するなど、人材資源や施設なども活用したいと思います。

Q 他に考慮することはありますか。

A 学校評議員制度や学校運営協議会制度なども用いて、家庭や地域の意向をしっかりと受け止め、学校運営に反映させることで、開かれた学校、信頼される学校を築いていきたいと思っています。

押さえておこう

1. 開かれた学校づくりとは、学校からの一方的な情報の公開ではなく、双方向からの連携・協力である。
2. 学校の持っている資源や教育力を地域に開放し、学校が地域コミュニティの拠点として機能することも期待されている。

Q8 学校評価に どう取り組みますか

ここがポイント!

◎自己評価、学校関係者評価、第三者評価の３つを適切に行う。

Q 学校評価の目的は何ですか。

A 各学校が、自らの教育活動や学校運営について、めざすべき目標を設定し、その達成状況や取組みの適切さ等について評価することにより、学校として組織的・継続的な改善を図ることです。

Q あなたの学校では、学校評価にどのように取り組んでいますか。

A 学校が行った自己評価を保護者や地域に公表して、適切に説明責任を果たし、保護者・地域住民からの理解と協力を頂いています。１学期末に学校の自己評価を行って保護者に公開し、夏季休業中に学校関係者評価を行います。それを基に２学期からの教育活動を展開します。

Q 学校関係者評価はどのように行っているのですか。

A 保護者、学校評議員、地域住民、青少年健全育成団体の関係者等、20名ほどの学校関係者によって、自己評価の結果を評価していただき、その結果も、保護者・地域住民に公表しています。

Q 学校評価での問題点は何かありますか。

A 教育活動の目標が抽象的だと、評価がしにくいことです。また、もう少し教職員間での課題意識の統一を行ったほうがよいと思います。

Q 第三者評価は行っていますか。

A 教育委員会と話し合って、外部の専門家による第三者評価の準備を進めています。専門的視点からの評価に意義があると考えています。

押さえておこう

1. 学校評価の目標は、学校の課題をしっかりと分析し、その達成状況が的確に測定できるものであることが望ましい。
2. 学校評価については、学校教育法42条、学校教育法施行規則66～68条に規定されている。学校評価ガイドライン〔平成28年改訂〕も確認しておく。

Q9 学校と地域の連携をどう図りますか

ここがポイント!

◎地域ぐるみでの教育の実現を積極的に推進する。

Q 学校と地域の連携は図られていますか。

A 地域懇談会、授業参観、運動会、文化祭などを感染症対策を踏まえた上で地域住民にも公開していますし、学校だよりなども自治会を通じて学区の地域全体に情報公開していますので、地域との連携・協力は図られていると思います。

Q 他にはどんな連携・協力を行っていますか。

A 地域から学校評議員を選出していますし、学校関係者評価委員も地域から選び、学校評価を地域にも公開して、学校に対しての評価や要望を受けるようにしています。

Q 学校に対する地域住民からの協力はありますか。

A 朝の挨拶運動の協力や下校時の見守り、授業補助や校内の図書室での本の貸し出しや修理、校庭の芝生や花壇の整備、部活動の指導協力といったさまざまな活動が行われています。また、総合的な学習の時間などでは、地域の商店や事業所に子どもたちの学習活動へのご協力をいただいています。

Q 教職員に対しては、地域との連携をどのように意識付けていますか。

A 児童・生徒や教職員による地域活動への協力、学校の情報提供を行い、地域ぐるみ・社会総がかりで教育にあたるように、教職員の意識変革を行っています。

押さえておこう

1. 平成18年の教育基本法の改正で、学校、家庭及び地域住民の連携・協力に関する条文（13条）が新設された。
2. 学校と地域の連携を促す観点から、学校施設の目的外使用を進め、学校施設を地域住民に積極的に利用させることが望まれる。

「チームとしての学校」を どのように実現しますか

ここがポイント！

◎専門スタッフ・地域人材等の参画により、教育活動を充実させる。

Q 「チームとしての学校」とはどのようなものですか。

A 校長のリーダーシップの下、カリキュラム、日々の教育活動、学校の資源が一体的にマネジメントされ、教職員や学校内の多様な人材が、それぞれの専門性を生かして能力を発揮し、子供たちに必要な資質・能力を確実に身に付けさせることができる学校です。

Q 「チームとしての学校」を実現するための具体的な改善方策を3つ挙げてください。

A 専門性に基づくチーム体制の構築、学校のマネジメント機能の強化、教職員一人一人が力を発揮できる環境の整備の3つです。

Q 専門性に基づくチーム体制の構築とは、具体的にどうするのですか。

A 教職員の業務を見直し、スクールカウンセラー、スクールソーシャルワーカー、学校司書、ICT支援員など多様な専門スタッフを置くことで、授業・学習指導、学級経営、生徒指導など、教職員が行うことが期待されている本来的な業務に専念できるようにします。

Q 「チームとしての学校」を実現するには、地域との連携・協働も必要ですが、どのように取り組みますか。

A ボランティア等の地域人材や青少年団体、スポーツ団体、福祉団体など地域で活動している団体、PTAなどと連携・協働し、子どもたちのさまざまな活動を充実させます。

押さえておこう

1. 中央教育審議会答申「チームとしての学校の在り方と今後の改善方策について」（平成27年12月21日）をしっかりと確認しておく。
2. 「チームとしての学校」が求められる背景としては、新しい資質・能力を育む教育課程の実現、複雑化・多様化した課題の解決、子どもと向き合う時間の確保が挙げられる。

Q11 学校運営協議会制度を どう運用しますか

ここがポイント!

◎学校運営協議会の３つの権限を適切に理解し、運用する。

Q あなたが校長として、学校運営協議会制度のある学校に着任したらどうしますか。

A 学校運営協議会の権限は３つあり、１つ目は校長の策定する学校運営の基本的な方針を承認する権限ですので、しっかりとした方針を立てたいと思います。

Q ２つ目の権限については、どうですか。

A 学校の運営について、教育委員会や校長に意見を述べる権限ですので、丁寧な学校経営を心がけたいと思います。

Q ３つ目の権限はどうですか。

A 学校の教職員の任用に関して、教育委員会に意見を述べる権限です。任命権者は当該職員の任用にあたり、学校運営協議会の意見を尊重する必要がありますので、その内容の実現に努めるとともに、教職員の資質・能力の向上に努めた上、説明責任を果たしたいと思います。

Q 保護者や地域がこのような権限を持つことをどう思いますか。

A コミュニティ・スクールとも呼ばれますが、社会と連携・協働し「社会に開かれた教育課程」を実現する上でも、大切だと思います。

Q 学校運営協議会制度の注意点があれば、話してください。

A どんな制度でも、適切に運用することが大切です。制度の目的や役割・責任について教職員と共通理解を図り、対応することが重要です。

押さえておこう

1. 学校運営協議会制度（コミュニティ・スクール）は、地方教育行政の組織及び運営に関する法律 47 条の 5 に定められており、地域と学校の協力関係の形成や地域資源の活用、学校評価を行う場となっている。
2. 学校評議員との違いについてきちんと理解し、混同しないように注意する。

Q12 小中連携にどう取り組みますか

> **ここがポイント！**
> ◎義務教育9年間を見通した小中連携の連続性と系統性が鍵。

Q 小学校と中学校との連携にどのように取り組んでいますか。

A 学習時の発言の仕方、学習態度、学習準備など、小中一貫の学習ルールや学校生活に関する決まりを整備しています。また、小中連絡会議でお互いに話し合う中で、連携・協力するようにしています。

Q 学習ルールだけですか。

A 生活習慣ルールについても話し合っています。挨拶、言葉遣い、服装に重点を絞って発達段階に応じて指導し、自己評価を繰り返して子どもたちの育成を図っています。

Q 効果は出ていますか。

A 小中連絡会議の前に、お互いの学校の授業参観なども行っているので、子どもたちの成長の度合いや授業での様子を知ることができ、指導する上でとても参考になります。また、「中1ギャップ」など校種間の違いに起因するさまざまな問題を防ぎ、学校の接続の円滑化にも役立っています。

Q 今後は、どのような取り組みをすべきだと思いますか。

A 子どもたち一人ひとりの教育相談カルテを作って、欠席や遅刻・早退の状況等の情報を小中間で共有し、より細かな心理面の指導をしていくべきだと思います。

> **押さえておこう**

1. 夏季休業中などの時間のあるときに、小中の教員対象の各教科・領域別の分科会などを企画して、指導内容の系統性などを明確にする。
2. 平成27年6月に学校教育法が改正され、平成28年4月1日から「義務教育学校」が設置できることになった。義務教育学校は、現行の小・中学校に加え、小学校から中学校までの義務教育を一貫して行う学校として、学校教育法の1条に新たに加えられた。

Q13 主任や主事の職務とは何ですか

ここがポイント！

◎学校運営の円滑な執行のため、さまざまな主任や主事が置かれている。

Q 学校には、どのような主任や主事が置かれていますか。

A 教務主任や学年主任等の法律で置くことを定められた主任や主事と、国語主任や体育主任等の校務分掌上の主任の2つに分けられます。

Q どんな法令で定められているのですか。

A 小学校については、学校教育法施行規則44条に教務主任と学年主任を、45条に保健主事、46条に事務主任を置くことができるという規定があります。中学校については、70条に生徒指導主事を、71条に進路指導主事を置くものとする規定と79条には準用規定があります。高等学校や中等教育学校、特別支援学校に対してもこの準用規定（104条、113条、135条）があります。

Q 主任の職務はどうなっていますか。

A 例えば、学校教育法施行規則44条に「教務主任は、校長の監督を受け、教育計画の立案その他の教務に関する事項について連絡調整及び指導、助言に当たる」と定められており、教職員に指導・助言をするのが役目です。

Q なぜ国語主任や体育主任等が決められているのですか。

A 同規則43条に校務分掌の仕組みを整えること、47条に必要に応じて校務を分担する主任を置くことができると定められていることによります。

押さえておこう

1．教務主任や学年主任等の主任や主事の任用形式は、校長が命じて、教育委員会に報告するという形が多い。

2．教務主任や学年主任等の主任や主事には、一般的に「主任手当」といわれる教育業務連絡指導手当が支給される（日額200円）。

Q14 学校の設置について説明してください

ここがポイント！

◎市町村は学齢児童・生徒を就学させる小中学校の設置義務がある。

Q 学校を設置するように決めている法令は何ですか。

A 学校教育法38条で「市町村は、その区域内にある学齢児童を就学させるに必要な小学校を設置しなければならない」と定められ、49条には、中学校への準用規定が定められています。

Q 学級の児童数などは、どの法令で定められていますか。

A 小学校設置基準で、1学級の児童数（4条）、学級の編制（5条）、教諭の数（6条）などが定められています。中学校設置基準もあります。

Q 学級の編制とはどういうことですか。

A 学級の編制とは、学級は原則として、同学年の児童・生徒で編制するという決まりです。ただし、特別の事情があるときは、数学年の児童・生徒を1学級に編制することもできます。

Q 校舎に備えるべき施設は、どうなっていますか。

A 小学校設置基準では、教室、図書室、保健室、職員室が示されています（9条）。

Q 適正な学校規模について、説明してください。

A 小・中学校の学級数は12学級以上18学級以下が標準とされています（学校教育法施行規則41条・79条）。また、通学距離が、小学校でおおむね4km以内、中学校及び義務教育学校で6km以内とされています（義務教育諸学校等の施設費の国庫負担等に関する法律施行令4条）。

押さえておこう

1. 通学区域制度は、「適正な規模の学校と教育内容を保障し、これによって教育の機会均等とその水準の維持向上」を図る趣旨から実施されている。
2. 保護者や児童・生徒の具体的な状況に合わせて、区域外の就学を認めることとしており、学校選択の弾力化が行われている。

Q15 学校事務にはどんなものがありますか

ここがポイント！

◎教務、人事、給与、財務、予算、福利厚生等が学校事務である。

Q 学校事務の内容としてどのようなものがありますか。

A まず、教育活動に直接関係する教務事務があり、これは主に教員が行っています。例えば、教育課程の編成、実施、評価に関する事務や児童・生徒に関する事務で、教頭が直接的な管理者になっています。

Q では、**教育活動に間接的に関係する事務には何がありますか。**

A 学校の管理運営に関する事務で、学校の組織・運営に関する事務、教職員に関する事務、施設・設備の管理に関すること、予算・会計等の財務に関することなどです。

Q それらは誰が担当していますか。

A 一般的には事務職員が行っています。責任者は校長ですが、実際は教頭がすべての事務に関して指導すべきものです。事務職員は主に、財務（会計）と庶務という多岐にわたる事務を行います。事務職員が積極的に学校運営に関わることで、教職員の事務負担軽減が図られています。

Q 学校事務の効率化は、どのようにしたらよいと思いますか。

A 文書等ファイルのシステム化を図るなど、合理化・効率化の工夫をしていきます。また、コンピュータを活用して、前年度の資料などを再利用することで、省力化につながります。

押さえておこう

1. 平成10年の中央教育審議会答申「今後の地方教育行政の在り方について」において、学校事務・業務の共同実施（共同化）が提言された。
2. 市町村立義務教育諸学校の事務職員の大部分は県費負担教職員であり、単純な補助的事務に従事する事務補助員は市町村費で賄われている。

Q16 校務分掌とは どのようなものですか

ここがポイント!

◎校長の権限である校務を、所属教職員に内部委任するものである。

Q 校務分掌とは、どのようなものですか。

A 学校運営上のさまざまな職務について、職務の種類と責任の範囲を定めて、教職員に分担して行うことです。

Q 法令で定められているのですか。

A 学校教育法施行規則43条で、「小学校においては、調和のとれた学校運営が行われるためにふさわしい校務分掌の仕組みを整えるものとする」と定められています。

Q 主な校務分掌にはどのようなものがありますか。

A 全国的な共通の校務分掌として、教務（教務主任）、生徒指導（生徒指導主事）、保健・安全（保健主事）、進路指導（進路指導主事）等があります。

Q 主任制は法令で明確に定められていますか。

A はい、昭和50年に学校教育法施行規則が改正されて、主任の制度化が行われましたが、そこで校務分掌の根拠が規定されました（44〜47条）。

Q 校務分掌を定めるときに、気を付けるべきことは何だと思いますか。

A 一人が複数の職務を担うことになるため、教職員の負担の軽減を十分考慮する必要があります。教員の働き方改革も踏まえて、優秀な教職員だからといって、3つも4つも校務分掌を持たせないように配慮することが大切です。

押さえておこう

1. 校務分掌上の主任は「連絡調整及び指導、助言に当たる」と定められているので、教職員を監督することはできない。
2. 校務分掌の分掌職務は、教職員の多忙化の要因の1つになっているため、できるかぎり合理化をしていくように努める。

職員会議には
どんな機能がありますか

Q 職員会議は、法令ではどのように規定されていますか。

A 学校教育法施行規則 48 条に「校長の職務の円滑な執行に資するため、職員会議を置くことができる」と定められています。

Q 職員会議における校長の権限は強いのですか。

A はい。同規則の 48 条 2 項に「校長が主宰する」と定められ、校長の補助機関であることが明記されています。

Q あなたは、学校に職員会議を置きますか。

A 教職員の学校経営への参画意欲を高めるために、置くつもりです。学校の自主性・自立性を確立して創造的な教育実践を行っていくためにも必要だと考えています。

Q 主宰は校長です。職員会議を置くだけで教職員の意欲が高まりますか。

A 校長が学校経営についての明確な意思を伝達するだけでなく、教職員の意見を聞き、報告、連絡、情報交換もできるので、意欲は必ず高まります。

Q 他にはどんな機能がありますか。

A 教職員間相互の意思疎通を図る重要な意義があります。また、児童・生徒の学習指導や生活指導の状況を研究、研修する機能などもあります。

押さえておこう

1. 職員会議は法令上の根拠が明確ではなく、議決機関説、諮問機関説、補助機関説等といろいろな主張があったが、平成 12 年に学校教育法施行規則が改正され、補助機関であると明記された。

2. 取り上げる議題の中身も事前に十分検討しておくことが必要で、報告・連絡事項と協議事項を混同しないような配慮も必要である。

Q18 学校に備える表簿には何がありますか

> **ここがポイント！**
>
> ◎学校表簿には、法令で定められた表簿があり、保存年限もある。

Q 学校に備えるべき表簿にはどのようなものがありますか。

A 学校教育法施行規則28条で定められているのは、学校に関係のある法令、学則等、職員の名簿等、指導要録等、入学者の選抜に関する表簿等、資産原簿等、往復文書処理簿等です。

Q それらの保存年限はどのくらいですか。

A 指導要録の学籍に関する原本や写しが20年間で、他のものはおおむね5年間です（同規則28条2項）。これらの表簿は校外に持ち出すことは禁じられており、個人情報も数多く記入されていることから、鍵のかかる金庫で厳重に保管する必要があります。保存年限が過ぎたものは、シュレッダー等で処分します。

Q 永久保存のものはありませんか。

A 教育委員会の学校管理規則で定められており、3つあります。学校沿革誌、卒業証書授与台帳、旧職員の名簿及び履歴書綴です。

Q 他にも法定表簿はありますか。

A 学校保健安全法施行規則で、就学時健康診断票（4条）、児童・生徒の健康診断票（8条）、職員健康診断票（15条）の作成についても定められています。

> **押さえておこう**
>
> 1．法定ではない一般の表簿として、各学校には校務分掌分担表、職員会議録、職員の住所録などの表簿もある。
> 2．法定ではない一般表簿の保存期間については、教育委員会の学校管理規則などで決めている場合が多い。

Q19 学校予算の執行を どのように行いますか

ここがポイント！

◎学校予算は教育計画に則し、計画的・効率的に執行する。

Q 学校予算の執行にあたってどのような点に注意しますか。

A 学校教育の維持向上及び教育環境の整備充実のために、最少の経費を
もって最大の効果をあげるように、総合的かつ長期的な視野に立って、
校内予算を編成し、計画的・効率的に執行するようにします。

Q 具体的には、どのようにしますか。

A まず、校長として予算編成方針を示し、各主任を委員とし、教頭を委
員長とする予算委員会を設置します。各主任から予算要望書を提出さ
せて、予算要望一覧表にまとめて予算案を作ります。それを予算調整
会議で話し合い、各主任にも了解させ、校長として学校予算を決定し
ます。学校予算は税金から学校に配賦されたものですから、いい加減
な使い方はできません。学校で本当に必要なものだけを購入するよう
にします。

Q 予算執行についてどのような点に注意しますか。

A 教育委員会の総務課・指導課と連絡を密にし、物品購入計画書の作成、
購入手続きの厳守、適正な契約、的確な検収事務の遂行などを行います。
また、執行状況の把握や物品の管理も重要です。

Q これらはどんな法令に基づいているのですか。

A 地方自治法 180 条の 2 に基づき、各自治体で長の権限に属する事務に
関する補助執行を定める規程があります。

押さえておこう

1. 「特色ある学校づくり」を推進するためには、それに関わる分野の教材や教具、消耗品
　等の購入に重点的に予算を配分することが必要となる。
2. 予算執行の結果は、会計監査の対象となるので、物品の保管、帳簿類の作成・保管は適
　切に行う。

Q20 施設・設備の管理で大切なことは何ですか

ここがポイント!

◎児童・生徒の安全確保のため、適切な措置を講じる。

Q 学校施設・設備の管理で、最も大切なことは何ですか。

A 毎日の見回りで、学校施設・設備に瑕疵がないかどうかをしっかりと確かめ、安全の確保に努め事故防止の徹底を図ることです。

Q 見回りはどのように行いますか。

A 1日に3回見回ります。まず、児童・生徒が登校する前に正常な授業ができるかどうかという視点で見回ります。2回目は、授業中に不審者が侵入していないかどうかを見回ります。3回目は、放課後に用務主事が施錠した後、施錠の確認をしながら見回ります。

Q 他に気を付けていることは何ですか。

A 毎月10日を「安全点検の日」と決めて、全教職員で自分の校務分掌に関わる施設・設備の点検をします。また、ときには子どもたちと一緒に施設・設備の点検を行うことで、子どもたちの安全に対する意識も高めていきます。

Q 法令ではどのような決まりになっていますか。

A 学校保健安全法28条に「校長は、当該学校の施設又は設備について、児童生徒等の安全の確保を図る上で支障となる事項があると認めた場合には、遅滞なく、その改善を図るために必要な措置を講じ」るものとすると定められています。

押さえておこう

1. 学校保健安全法26条は、学校の設置者は、児童・生徒等に生ずる危険を防止し、危険または危害が生じた場合に適切に対処することができるよう、管理運営体制の整備充実など必要な措置を講ずるように努めると定めている。
2. 授業中の不審者の侵入を防ぐためには、校門の施錠を行うほか、植栽も丁寧に刈り込むなど、学校の中がよく見えるような工夫も必要である。

学校施設を使用できるのは
どんな場合ですか

ここがポイント！

◎学校施設は、学校教育のために使用されるのが原則である。

Q 学校は、学校教育で使用するために設置されている施設ですよね。

A はい。本来、学校は学校教育以外には使用すべきものではないのですが、例外もあります。

Q 学校教育にかかわらないことでも学校を使用できるというのは、どんな場合について、法令では定められていますか。

A 学校施設の確保に関する政令3条に、学校施設の目的外使用に関する規定があります。

Q どのように定められていますか。

A 1つ目は、法律または法律に基づく命令の規定に基づいて使用する場合で、公職選挙法に基づく投票所、開票所、個人演説会場での使用、消防法や災害救助法等に基づく災害防止、非常災害のために使用する場合です。

Q もう1つは、何ですか。

A 管理者や校長の同意を得て使用する場合で、社会教育法（44条）やスポーツ基本法（13条）等に基づき、学校教育上支障のない限り、社会教育やスポーツ等を目的として使用することができます。

Q 校長の同意がなくても使用できる場合はありますか。

A 災害時、緊急時には、知事や市町村長、消防署長等の権限で、学校施設を一方的に使用することができます。

押さえておこう

1. 学校施設の地域開放が進んでいるが、本当に教育現場で行われる活動としてふさわしいものかどうかを丁寧に検討することも重要である。
2. 学校教育上の支障とは、物理的支障に限らず、学校の教育方針に反することも含まれる。

Q22 学校環境衛生基準とは何ですか

ここがポイント!

◎**教室等や飲料水等の望ましい衛生基準である。**

Q **学校環境衛生基準について具体的に説明してください。**

A 換気、保温、採光、照明等の教室等の環境、飲料水等の水質、学校の清潔さの管理、水泳プールの管理等の望ましい基準のことです。

Q **学校環境衛生基準を保つためにはどうしますか。**

A 毎学年定期に環境衛生検査を行い、必要があるときは臨時の検査も行います。

Q **日常における環境衛生についてはどうなっていますか。**

A 日常点検は点検すべき事項について、毎授業日の授業開始時、授業中、または授業終了時等にその環境を点検し、必要に応じて事後措置を講じます。

Q **事後措置についてはどのように定められていますか。**

A 学校の設置者は、学校環境衛生基準に照らして適切な環境の維持に努めることも定められており、校長は学校の環境衛生に関して適正を欠く事項があるときは、遅滞なくその改善のために必要な措置を講じること、当該措置を講ずることができないときは学校の設置者にその旨を申し出ることも定められています。

押さえておこう

1. 学校環境衛生活動については、文部科学省「学校環境衛生管理マニュアル（平成30年度改訂版）」を確認しておく。

2. 臨時検査は、感染症や食中毒のおそれがあり、または発生したときなどに定期検査に準じた方法で必要な検査を行うものとされている。

Q23 エコスクールとは どんな学校ですか

ここがポイント！

◎環境を考慮した学校施設により、環境教育に取り組む。

Q エコスクールとは、どんな学校ですか。

A 環境を考慮した学校施設のことです。文部科学省では、エコスクールの普及・啓発に努めており、環境教育の教材として活用できる学校施設の整備を目的としたエコスクールパイロット・モデル事業など、整備を促進しています。

Q 具体的にはどのような学校ですか。

A エコスクールの特徴は3つあります。①施設面（環境にやさしく造る）、②運営面（賢く・永く使う）、③教育面（学習に資する）という特徴を併せ持つ学校のことです。

Q あなたは、エコスクールに勤務した経験はありますか。

A はい。中庭にビオトープがあり、蛍を育てている学校に勤めたことがあります。夏休みの夜に、蛍を観察する会を行いました。

Q 他にはどんな学校がありますか。

A 太陽光発電や風力発電の装置をつけてエネルギーを活用したり、雨水の再利用や断熱などで省エネを図ったりする学校があります。他にも、教室や外壁の高気密・高断熱を図ったり、屋上を緑化したり、日よけにより日照の調整をしたりします。校庭を芝生にして整備するのもエコスクールです。学校で使うエネルギーをゼロにしていくという考え方です。

押さえておこう

1. 地球温暖化が喫緊の環境問題となっている中、学校等の文教施設が高機能化、環境負荷の低減に努めるという視点を持つことは重要である。
2. 環境教育の教材として教育活動に生かし、児童・生徒の環境への理解を深める取組みを実践していくことが求められる。

Q24 個人情報の保護に どう取り組みますか

ここがポイント!

◎個人情報の保護に、学校は細心の配慮が必要である。

Q あなたの学校では、個人情報の保護にどのように取り組んでいますか。

A 教職員に対して、個人用のパソコンに、児童・生徒の個人情報を入れないように指導しています。

Q 児童・生徒の個人情報とは、どのようなものですか。

A 児童・生徒の氏名、生年月日、顔写真、性別、住所、電話番号、保護者の氏名、職業、家庭環境、学校の成績、人物評価等、特定の個人が識別できるすべての情報です。

Q 他にはどんなことを注意していますか。

A 文書などはすべてパソコンを使って作成しているため、個人情報が入ったものを含めて、文書は USB メモリ等に保存させ、退勤時にはその USB メモリを必ず USB メモリ保管庫に入れ、施錠してから帰らせるようにして管理しています。

Q 学校全体では、どのようにしていますか。

A 校内 LAN が接続されていて、各教室でもインターネットにつながることができます。児童・生徒にも、誤って外部に個人情報を漏らさないように指導しています。また、職員室の机の周りは常に整頓して、不要になった文書はシュレッダーにかけて情報の流出に気を付けるようにするなど、学校としての個人情報の管理や取扱いルールを厳格にしています。

押さえておこう

1. 文部科学省は平成18年に「学校における個人情報の持出し等による漏えい等の防止について」を通知している。
2. 個人情報の漏洩・流失は、児童・生徒が危険にさらされること、学校全体が保護者や地域からの信頼感を大きく損ねることを強く指導する。

Q25 子どもの貧困問題に どのように対応しますか

> **ここがポイント！**
>
> ◎各家庭の実態把握に努め、就学援助制度等の周知を図る。

Q あなたの学校では、家庭の貧困のために、子どもの学習意欲や学力の低下などは起きていませんか。

A 校長の学校経営方針を受け、一人親家庭など児童・生徒の家庭状況を全教職員が把握し、日々の教育活動で配慮するようにしています。また年度当初の職員会議で、各学級の子どもの様子を報告して、要保護、準要保護等の経済状態にある各家庭の実態把握に努めています。このため、子どもは落ち着き、学校生活の充実が図られています。

Q 他にはどのような配慮に努めていますか。

A 保護者の経済負担を軽くする補助教材の厳選等、すべての家庭状況を考えた指導方針を作成し、推進しています。また、経済的に困っていても就学援助制度等の存在を知らず活用していない家庭もあると思われます。そこで、教育支援策について、学校だよりなどで紹介して経済困窮家庭の支援を図っています。

Q 給食費の滞納などは起きていませんか。

A 給食費の未払いが起きないように、学校事務との綿密な連携に努め、滞納が多額にならないように細やかな配慮をしています。また、民生委員・児童委員との連絡会で民生委員等から家庭での様子を聞き、給食費の請求において配慮するよう努めています。

押さえておこう

1. 家庭の経済状態がよくないからといって、児童・生徒の学習意欲の低下、学力の低下を招くことなどがないようにする。
2. スクールカウンセラーやスクールソーシャルワーカーなどを配置する体制を整備し、教育相談体制の充実を図り、児童・生徒への精神面の支援に努める。

第 6 章

教育課程に
関する質問25

Q1 教育課程の編成を どのように行いますか

ここがポイント!

◎カリキュラム・マネジメントの視点で教育課程を編成する。

Q 教育課程とは、どのようなものですか。

A 教育基本法や学校教育法をはじめとする法令、学習指導要領に従い、各教科や特別の教科　道徳、外国語活動、総合的な学習の時間及び特別活動などの目標やねらいを実現するように、教育の内容を学年に応じ、授業時数との関連において総合的に組織した学校の教育計画です。

Q 教育課程の編成の責任者は誰ですか。

A 校長です。学校の責任者は校長ですから（学校教育法 37 条 4 項）、教育課程の編成に関する責任と権限は校長にあります。

Q 平成 29 年 3 月 31 日に告示された学習指導要領に盛り込まれた「カリキュラム・マネジメント」について説明してください。

A 3 つの側面があります。1 つ目は、各教科等の教育内容を相互の関係で捉え、学校教育目標をふまえた教科等横断的な視点で、その目標の達成に必要な教育の内容を組織的に配列していくことです。2 つ目は、教育内容の質の向上に向けて、子どもたちの姿や地域の現状等に関する調査や各種データ等に基づき、教育課程を編成し、実施し、評価して改善を図る一連の PDCA サイクルを確立することです。3 つ目は、教育内容と、教育活動に必要な人的・物的資源等を、地域等の外部の資源も含めて活用しながら効果的に組み合わせることです。

押さえておこう

1. 教育課程の届出については、教育委員会の定める学校管理規則に従い、定められた様式で期日までに届出または承認を得る必要がある。
2. 文部科学省「小学校におけるカリキュラム・マネジメントの在り方に関する検討会議」による報告書（平成 29 年 2 月 14 日）も参照しておく。

Q2 学習指導要領とは何ですか

ここがポイント！

◎一定水準の教育を確保するため、法令に基づいて定めた基準。

Q 学習指導要領とは、一言で言うと、どのようなものですか。

A 国の公教育を担当する小・中・高等学校、特別支援学校等が教育課程を編成する上での基準として、学校教育法施行規則の定めにより告示されているものです。

Q その内容はどのようになっていますか。

A 小学校では、総則、各教科、特別の教科　道徳、外国語活動、総合的な学習の時間、特別活動の6章から構成されています。第1章の総則には、教育課程編成の一般的な方針や指導計画の作成等にあたり配慮すべき事項などが示され、第2章以降では各教科等の目標、内容及び指導計画の作成と内容の取扱い等に関する留意事項が示されています。

Q 学習指導要領では、内容の取扱いはどう示されていますか。

A 内容に関する事項は、「特に示す場合を除き、いずれの学校においても取り扱わなければならない」とされ、最低基準としての性格が明確になっています。また、「第2章以下に示していない内容を加えて指導することができる」と、発展的な内容の学習も可能となっています。

Q 他には何かありますか。

A 個性を生かす教育の充実や言語活動の充実、学習習慣の確立なども示されています。

押さえておこう

1．学習指導要領は、学校教育法33条及び学校教育法施行規則52条（小学校）、74条（中学校）、84条（高校）の規定に基づいて、文部科学大臣が告示という形式で定めている。
2．学習指導要領に示す教科等の目標、内容等は中核的な事項にとどめられており、大綱的なものとなっているので、学校や教師の創意工夫を加えた学習指導が十分展開できるようになっている。

Q3 教育課程の管理は どう行われますか

ここがポイント!

◎教育委員会が必要な規則を定めて管理し、執行する。

Q 教育課程の管理を教育委員会が行うのは、どの法令に基づいていますか。

A 地方教育行政の組織及び運営に関する法律 21 条で定められている教育委員会の職務権限に基づいています。

Q どのように定められているのですか。

A 同法の 21 条に、「教育委員会は、当該地方公共団体が処理する教育に関する事務で、次に掲げるものを管理し、及び執行する」と定められ、その 5 号に、学校の組織編制、教育課程、学習指導、生徒指導及び職業指導に関することが挙げられており、教育課程が含まれています。

Q 学校等の管理は教育委員会が行うのですね。

A はい。同法の 33 条で、教育委員会は法令または条例に違反しない限度において、学校の施設、設備、組織編制、教育課程、教材の取扱いなどの管理運営の基本的な事項について、必要な教育委員会規則を定めることになっています。

Q 他に、教育課程の管理について行われていることはありますか。

A 各学校の教育指導の重点や各教科の時間配当などを所定の期日までに届けるように、教育委員会規則で定めています。また、指導主事により、専門的な指導・助言なども行われています。

押さえておこう

1. 学校教育目標達成のために、教育課程の編成、実施、評価が円滑に行われるように諸条件を整備し、調整するのが教育課程の管理である。
2. 教育委員会は、教育委員会規則で各学校の教育課程の管理の届出や承認について定めている。

Q4 時間割編成を どのように行いますか

ここがポイント!

◎各教科等の特質に応じて学期、月、週ごとの授業時数を決める。

Q 時間割編成をどのように行っていますか。

A まず、各教科、特別の教科　道徳、外国語活動、総合的な学習の時間及び特別活動の年間授業時数を確認します。次に、各教科や学習活動の特質に応じて、創意工夫を生かし、1年間の中で、学期、月、週ごとの各教科の授業時数を定めています。

Q 学期によって、授業時間割は異なるのですか。

A はい、小学校の2～6年生は年間35週で授業を計画していますが、35の倍数で割り切れない授業は、学期や月ごとに違った時間割を用いるようにしています。1年生は年間34週で、同じように編成しています。

Q 授業の1単位時間は、小学校は45分ですね。

A 以前は45分を単位とする授業時間で1年間固定していたのですが、児童の発達の段階及び教科等や学習活動の特質を考慮して、弾力的に編成するようにしています。

Q 45分ではない場合、具体的にはどのようにしているのですか。

A 授業時数集計が少し複雑になっていて、モジュール方式（15分や20分を1モジュールとし、複数のモジュールを組み合わせて時間割を編成する方式）の場合は、朝計算ドリルなどを15分ずつ、週3回行ってこれを1単位として数えています。

押さえておこう

1. 時間割編成は、指導内容を選択し、指導内容を組織し、授業時数を配当して行い、教科等の内容については、カリキュラム・マネジメントを確立して相互の関連付けや横断を図る。
2. 短時間学習（帯学習、モジュール学習）を含めた弾力的な授業時間の設定や時間割編成は、教育課程全体を見通しながら実現していく。

Q5 指導要録とは どのようなものですか

◎児童・生徒の学籍並びに指導の過程と結果を要約したもの。

Q 指導要録とは、どのようなものですか。

A 児童・生徒の学籍並びに指導の過程及び結果の要約を記録したもので、指導及び外部に対する証明等に役立たせるための原簿です。「学籍に関する記録」には、児童・生徒の氏名、性別、生年月日及び住所、保護者の氏名等が記載されます。「指導に関する記録」には、各教科の学習の記録として観点別学習状況と評定、総合所見及び指導上参考となる事項が記載されます。

Q どんな法令に基づいていますか。

A 学校教育法施行規則24条で、指導要録を作成しなければならないことが定められ、同規則28条に保存期間が定められ、学籍に関する記録は20年間、指導に関する記録は5年間と定められています。

Q 道徳の時間が新たに「特別の教科　道徳」として位置付けられましたが、指導要録についてはどうなるか、知っていますか。

A 指導要録では、「特別の教科　道徳」について、「学習状況や道徳性に係る成長の様子」という記入欄が新たに設けられました。

Q 他の教科とは、どのように違うのですか。

A 他の教科のように、他の子どもと比較した数値等による評価は行わず、本人がいかに成長したかを積極的に受け止めて認め、励ます個人内評価として記述式で評価します。

押さえておこう

1. 児童・生徒の評価等の在り方については、平成22年の指導要録の改善の、学力の三要素と学習評価の観点が対応していることをふまえておくことが重要である。
2. 指導要録には、児童・生徒の重要な個人情報が記載されているので、電話での問い合わせには応じないなどの慎重な取扱いが必要である。

通級指導とは何ですか

> **ここがポイント!**
>
> ◎通常学級に在籍する児童等に、障害の程度に応じて行う指導。

Q 通級による指導の法的な根拠は何ですか。

A 小学校と中学校の通常の学級に在籍する児童・生徒のうち、特別な配慮や対応が必要な者を、一定時間、特別な場（通級指導教室と呼ばれている）において指導することで、学校教育法施行規則140条に、障害に応じた特別の教育課程によることができると定められています。

Q そこで示されている障害について説明してください。

A 言語障害者、自閉症者、情緒障害者、弱視者、難聴者、学習障害者、注意欠陥多動性障害者、その他の障害のある者について特別の教育課程による教育を行うことができるとされています。

Q その他の障害のある者とは、どんな障害ですか。

A 肢体不自由、病弱者及び身体虚弱者で、通常の学級での学習にはおおむね参加できて、一部特別な指導を必要とする程度の者です。

Q 指導内容は、どうなっていますか。

A 指導内容は自立活動と教科指導の補充を合わせて、年間35～280単位時間（週1～8単位時間）とされています。また、学習障害者などの場合は、年間10～280単位時間が標準とされ、月1回程度の指導も可能になっています。

押さえておこう

1. 平成18年度から、LD（学習障害）、ADHD（注意欠陥多動性障害）などの児童・生徒も通級指導の対象になった。
2. 通学している学校に通級指導教室がない場合は、他の学校にある通級指導教室に通うことになるため、学校間の連携が必要である。

Q7 全国学力・学習状況調査について説明してください

Q 全国学力・学習状況調査について説明してください。

A 全国学力・学習状況調査は、小学6年生と中学3年生を対象に、平成19年度から始められたものです。

Q 調査の目的は何ですか。

A 全国的な児童・生徒の学力や学習状況を把握・分析し、教育施策の成果と課題を検証し、その改善を図ること、教育に関する継続的な検証改善サイクルを確立すること、学校における児童・生徒への教育指導の充実や学習状況の改善等に役立てることです。

Q 具体的には、どのような内容ですか。

A 教科に関する調査は、小学校が国語と算数、中学校が国語と数学について実施され、令和4年度は理科も実施されました。「知識」に関する問題と、「活用」に関する問題で構成されています。質問紙調査は、児童・生徒に対しては学習意欲、学習方法、学習環境、生活の諸側面等に関する調査、学校に対しては指導方法、人的・物的な教育条件の整備の状況等に関する調査で構成されています。

Q 令和4年度は、どのような問題が出ましたか。

A 小学6年生の算数では、「プログラミング」を題材とした問題が初めて登場したほか、4年ぶりに実施された理科では、タブレット型端末に関する問題も出題されました。

押さえておこう

1. 学力や学習指導に対する継続的な検証改善サイクルを確立し、学校教育の質的改善が図られることは重要である。
2. 国際的な調査として、経済協力開発機構（OECD）による「生徒の学習到達度調査（PISA）」「国際数学・理科教育動向調査（TIMSS）」などもある。

Q8 教科書・補助教材をどう活用しますか

ここがポイント!

◎小・中学校では、教科書を使用しなければならない。

Q 教科書の使用義務について、法令ではどのように定められていますか。

A 学校教育法34条で「小学校においては、文部科学大臣の検定を経た教科用図書又は文部科学省が著作の名義を有する教科用図書を使用しなければならない」と定められています。

Q 校長として、教科書の使用状況をどのように調べますか。

A 年度当初に教科書を使ってよくわかる授業を行うように学級担任に指示し、各学級の教室訪問をして、使用しているかどうかを観察します。教頭や教務主任にも教科書の使用について、しっかり観察させます。

Q 教科書は無償で支給されていますが、法令で定められているのですか。

A 義務教育諸学校の教科用図書の無償措置に関する法律が昭和38年12月に定められ、学校の設置者に無償で給付し、学校の校長を通じて児童・生徒に給与する形になっています。

Q 教科書以外の補助教材を使用することはできますか。

A 学校教育法34条2項・4項で、その他の教材で、有益適切なものはこれを使用することができると定められています。

Q 補助教材を使用するときに注意することを述べてください。

A 保護者に与える経済的な負担を軽くすることや、内容が不良なものは使用しないこと、それから授業で使うからといって、何でも使えるわけではないため、著作権侵害にならないように注意することです。

押さえておこう

1. 高等学校、中等教育学校の後期課程及び特別支援学校並びに特別支援学級では、検定教科書や文部科学省著作教科書以外の教科用図書を使用できる（学校教育法附則9条）。
2. 副読本、資料集等のその他の参考書、学習帳等のワークブック、日記帳等の補助教材については、教育委員会への届出を課している場合が多い。

Q9 基礎的な知識・技能の習得に どう取り組みますか

ここがポイント!

◎学年ごとの系統性を考えた上で教育活動を展開する。

Q 学校教育法 30 条に示されている、学力の重要な 3 つの要素について述べてください。

A ①基礎的な知識・技能、②知識・技能を活用して課題を解決するために必要な思考力・判断力・表現力等、③主体的に学習に取り組む態度の 3 つです。

Q 基礎的な知識・技能を習得させるために、学校ではどのような点に気を付けて指導しますか。

A 各学年で身に付けなければならない知識や技能について十分話し合い、学校全体で学年ごとの系統性を考えた上で進めます。低学年から中学年までは、体験的な理解や具体物を活用した思考や理解、反復学習などの繰り返し学習といった工夫による読み・書き・計算の能力の育成を重視し、中学年から高学年以降は、体験と理論の往復による概念や方法の獲得、討論・実験・観察による思考や理解を重視します。

Q 授業では教科書の内容がわかればよいのですか。

A いえ、教科書の授業内容だけではなく、基本的な生活習慣や規範意識などの資質や能力の向上にも努めることが必要です。

Q さらに徹底していくためにはどうしたらよいと思いますか。

A 家庭でも繰り返し学習を行うように伝えるなど、保護者の協力も得て進めていきます。

押さえておこう

1. 基礎的な知識及び技能については、教職員で共通理解を図り、年間指導計画などに明記しておく必要がある。
2. 各学年で指導内容を明確化し、学校全体で創意工夫を活かした教育活動を展開する。

Q10 習熟度別指導に どう取り組みますか

ここがポイント!

◎児童・生徒、保護者の理解を得て個に応じた指導の充実を図る。

Q あなたの学校では、習熟度別指導を行っていますか。

A はい。理解の早い子も理解の遅い子も、自分に合った問題に取り組むことができるので、習熟度別指導を行っています。

Q 習熟度別指導は、どのように進めたらよいでしょうか。

A 学年で子どもたちに選択させる習熟度別クラスを編制します。クラスの選択では、子どもたちが自分で習熟の程度を判断できるようにして、学習に自主的・積極的に取り組むようにさせます。

Q 気を付けなければならない点は、どんなことですか。

A 子どもたちが自分の選んだクラスのことで、優越感や劣等感を持たないようにすることです。それには、学習の進度に応じて小テストを実施したり、学習の進み具合によってクラスを変更したり、弾力的に行うことが重要です。

Q 個に応じた指導は、習熟度別学習だけが効果的なのですか。

A 一斉指導でも机間指導などをうまく活用すれば、個に応じた指導を行うことができます。単元の内容によって、一斉指導ではなく習熟度別指導を活用するのがよいと思います。また、学習支援員が配当されている場合は、学年をいくつかに分けて、よりきめ細やかな指導を行うこともできます。

押さえておこう

1. 習熟の程度が同じような子どもたちが一緒に学ぶことで、自分たちで課題を解決する方法を考え、発見でき、課題解決の喜びを味わえる。
2. 習熟度別指導の導入の際には、保護者会等でしっかりと説明し、保護者の理解・協力を仰ぐことが必要である。

Q11 少人数指導の利点は何ですか

ここがポイント！

◎少人数の学習集団をつくり、きめ細かな指導ができる。

Q 少人数指導を行うと、どんな点がよいのですか。

A 従来の40人という学級単位より少ない少人数の学習集団をつくることで、きめ細かな指導と基礎学力の向上を図ることができる点だと思います。

Q あなたの学校では、少人数指導を行っていますか。

A 少人数加配教員がいるので、算数科などでチームティーチングや習熟度別指導に取り組んでいます。子どもたちや保護者に対しても十分な説明を行って、理解を得ながら進めています。

Q どのような効果が出ると思いますか。

A 教科や活動によって、通常の学級編制よりも規模の小さな学習集団を編制しているので、個に応じた指導に役立つと思います。

Q 小学校全学年での「35人学級化」法案が成立しましたね。

A 小学校の学級編成標準（1学級の児童数の上限）を40人（1年生は35人）から35人へ引き下げる義務教育法（公立義務教育諸学校の学級編成及び教職員定数の標準に関する法律）の改正案が令和3年3月31日に成立しました。令和3年度の2年生を皮切りに段階的に適用されて、令和7年度には小学校全学年での「35人学級化」が実現します。

押さえておこう

1. 学級編制の標準を計画的に一律に引き下げるのは、昭和55年以来、約40年ぶりとなる。従来は各自治体の判断で弾力的運用がなされている例があった。

2. 35人学級化により、GIGAスクール構想による1人1台コンピュータ端末の活用や、個別最適な学びと協働的な学びに対応することが求められる。

Q12 モジュール方式の授業を行っていますか

ここがポイント！

◎計算や漢字などはモジュール方式で効果を上げることもできる。

Q あなたの学校ではモジュール方式で授業を行っていますか。

A 現任校では、計算力を高めたり漢字を覚えたりするために、15分の授業を3日間に分けて行っています。

Q 授業時間は45分間ではないのですか。

A 平成29年3月告示の現行学習指導要領では、「各教科等のそれぞれの授業の1単位時間は、各学校において、各教科等の年間授業時数を確保しつつ、児童の発達の段階及び各教科等や学習活動の特質を考慮して適切に定めること」とされています。

Q 学習指導要領では、モジュール方式の学習についてどのように説明されていますか。

A 第1章総則の第2教育課程の編成の中で、10分から15分程度の短い時間を活用して特定の教科等の指導を行う場合において、教師が、単元や題材など内容や時間のまとまりを見通した中で、その指導内容の決定や指導の成果の把握と活用等を責任を持って行う体制が整備されているときは、その時間を当該教科等の年間授業時数に含めることができるとされています。

押さえておこう

1. 学習指導要領・総則でいう「年間授業時数を確保しつつ」とは、授業時数の1単位時間を45分（小学校）または50分（中学校）として計算した学校教育法施行規則別表第1（第51条関係）及び別表第2（第73条関係）に定める授業時数を確保するという意味である。

2. 授業の1単位時間の運用については、学校の管理運営上支障をきたさないよう、カリキュラム・マネジメントを確立し、教育課程全体にわたって検討を加える必要がある。

**学校図書館の利用推進に
どう取り組みますか**

ここがポイント！

◎司書教諭を中心に蔵書の充実、読書習慣の確立等に取り組む。

Q あなたの学校では、学校図書館は利用されていますか。

A 言語活動の充実のためには学校図書館の利用を進めなければならないので、司書教諭を中心にして計画を立てて利用を推進しています。司書教諭は、学校図書館資料の選択、収集、提供や児童・生徒の読書活動に対する指導を行うなど、学校図書館の運営・活用について中心的な役割を担うとされており、現任校でもそうしています。

Q 具体的には、どのように推進していますか。

A 学習指導要領に「学校図書館を計画的に利用しその機能の活用を図り、児童の自主的、自発的な学習活動や読書活動を充実する」旨が示されているので、蔵書の充実といった環境整備、読書習慣の確立、学校図書館指導員やボランティアとの連携などを図っています。

Q 他に何か行っていることはありますか。

A 「子どもの読書活動の推進に関する法律」では4月23日を「子ども読書の日」と定めています。これにちなみ、司書教諭が毎月23日を読書の日にして、児童・生徒が読書活動に取り組む工夫をしています。

Q 司書教諭は必ず置かなければならないのですか。

A 平成15年度から12学級以上の規模の学校は司書教諭を必置することになりました（学校図書館法5条1項、附則2項）。

押さえておこう

1. 司書教諭は、主幹教諭、指導教諭、または教諭をもってこれに充てることが学校図書館法5条2項に定められている。
2. 学校図書館担当職員（学校司書）は、これまで制度上の設置根拠はなかったが、平成26年6月、学校図書館法が一部改正され、学校図書館の職務に従事する職員として「学校司書」を置くよう努めることが明記された（6条1項）。平成27年4月1日施行。

Q14 豊かな心の育成に どう取り組みますか

> **ここがポイント!**
>
> ◎道徳教育を中心に、心の充実を図るような活動に取り組む。

Q なぜ、豊かな心の育成を図る必要があるのですか。

A 変化の激しいこれからの社会を生きるために、確かな学力、豊かな心、健やかな体の知・徳・体をバランスよく育てることが必要だからです。

Q 豊かな心が育ちにくい原因は、どこにあると考えていますか。

A 核家族化や少子化、都市化、高度情報社会の進展など子どもたちを取り巻く環境の変化です。

Q そのことが子どもたちにどう影響しているのですか。

A 基本的生活習慣が乱れ、我慢強さや忍耐力が衰え、規範意識の低下した子どもたちが増えてきています。社会性も未発達で、対人関係能力も低くなっています。

Q どうすれば豊かな心を育成できますか。

A 「特別の教科 道徳」を要として道徳教育の充実を図り、教育活動すべてで心の充実を図るような活動に取り組み、子どもたちにやり遂げたという達成感や心の安定、そして思いやりの心を育むことが大切です。

Q 教育活動以外には、どんな方法が考えられますか。

A 朝読書などの読書活動を行ったり、親子で読書に取り組むように呼びかけたり、家庭と連携して基本的生活習慣の定着に努めたりするなどの方法があります。子どもが落ち着いた生活を送ることができる環境を整備することが大切です。

> **押さえておこう**
>
> 1. 子どもたちの対人関係能力の低下や、社会性の未発達が原因で、いじめや暴力行為、不登校の増加なども起きている。
> 2. 正義感、自立心、責任感、基本的な倫理観なども、豊かな心を表すもので、家庭・地域との連携・協力を進め、粘り強く実践していく必要がある。

「特別の教科　道徳」を
どのように推進しますか

◎実態に応じて、問題解決的な学習など多様な指導を展開する。

Q 道徳は、なぜ「特別の教科　道徳」として教科化されたのですか。

A 道徳教育の改善に関する議論の発端となったのは、いじめの問題への対応です。これまで、「道徳の時間」は、学校における道徳教育の要として行われてきましたが、いまだに道徳教育そのものを忌避しがちな風潮があること、他教科に比べて軽んじられていることなどの課題が指摘されている状況を踏まえ、道徳教育の実質化、質的転換を図る必要があることから、教科化されました。

Q なぜ「特別の教科」とされたのですか。

A 「特別の教科　道徳」では、検定教科書が導入されますが、指導はこれまでと同様に原則、学級担任が行います。また、数値による成績評価はなじまないため、児童・生徒の評価は記述式で行います。こうした点が他の教科とは異なるため、「特別の教科」とされました。

Q 「特別の教科　道徳」をどのように推進していきますか。

A 児童・生徒の発達の段階を考慮した上で、読み物教材の登場人物への自我関与が中心の学習や、問題解決的な学習、道徳的行為に関する体験的な学習などを取り入れます。また、評価にあたっては、他の児童・生徒との比較による評価ではなく、児童・生徒の成長を見守り、努力を認め、励まし、さらに意欲的に取り組むきっかけとなるようにします。

押さえておこう

1. 記述式で評価を行うので、児童・生徒の日常の行動をしっかり観察し、その変容について記述できる準備をする必要がある。
2. 指導の具体的内容等については、道徳教育に係る評価等の在り方に関する専門家会議『「特別の教科　道徳』の指導方法・評価等について（報告）」（平成28年7月）を参照。

Q16 理数教育をどう充実させますか

ここがポイント!

◎筋道を立てて論理的に考える力の育成を図る。

Q 算数や数学、理科の授業時数が増加したのはなぜですか。

A 算数や数学、理科に対する興味関心が低い子どもが多く、基礎・基本を活用して問題を解決する力が未熟なためです。これでは激化する科学技術競争に対応できる人材が不足してしまうからです。

Q どうして理数科の充実を図るのですか。

A 筋道を立てて論理的に考える論理的思考力を高めるには、算数や数学、理科の学習の充実を図ることが最も重要だからです。また、比較や分類といった学習過程を通して、帰納的な考え方や演澤的な考え方を活用する場面を多く設定できるからです。

Q 校長として、学校の中でどのように進めますか。

A 教務主任や研修主任等を督励して、問題を自分の力で解決させる学習を進め、学ぶ楽しさを味わわせるような授業研究を推進します。また、ICT活用を進め、インターネットや図書館で調べるなど、子どもたちが自ら進んで学ぶような学習活動を学校全体で進めます。

Q 他にはどんな点に気を付けますか。

A 実験したり、観察した結果をレポートにまとめたり、しっかりと説明したりできる言語活動の力も育てる必要があります。理数教育の充実のためにも、言語活動の充実も図りたいと思います。

押さえておこう

1. 科学技術力の強化と生産性向上のためには、科学的な素養を身に付けた人材の育成が急務である。
2. しっかりと基礎・基本を学ばせ、学んだ基礎・基本を繰り返し復習させ、それを次の学習に生かしていくプロセスで定着が図られる。

Q17 情報教育の充実を どう図りますか

◎情報活用の実践力、情報モラルを身に付けさせる。

Q 情報活用能力とは、どのような能力ですか。

A 文部科学省が提唱する情報活用能力には、情報活用の実践力、情報の科学的な理解、情報社会に参画する態度の3つの観点があります（「教育の情報化に関する手引―追補版―」、令和2年）。

Q コンピュータなどを自由に使える ICT 利活用のことですか。

A ICT 利活用は、学習の中で ICT を使ってわかる授業を行ったり、ICT を使うことができる技能を高めたりすることです。情報活用能力はもっと広い意味で、情報に関する技能（スキル）、知識・理解、判断力や態度などを総称していて、情報を収集、整理、判断、表現、創造できるなど情報を正しく活用する能力を育成することです。

Q 小学校で必修化されたプログラミング教育とはどのようなものですか。

A コンピュータに意図した処理を行うように指示することができるということを体験させながら、時代を超えて普遍的に求められる力としての「プログラミング的思考」などを育成するものです。

Q 情報モラルについては、どのように考えますか。

A インターネット上での書き込みによる誹謗中傷や個人情報の流失なども起きているので、情報機器を適切に活用するために必要な情報モラルを身に付けさせることが、緊急の課題です。携帯電話やメールについても、正しい使い方を指導する必要があります。

押さえておこう

1. 情報が溢れている現代において、正しく情報を判断し、処理し、間違った情報に迷わされずにネットワーク社会を生き抜くことができる態度の育成が必要である。

2. 「プログラミング的思考」とは、自分が意図する一連の活動の実現には、どのような動きに対応した記号を組み合わせればよいかなどを論理的に考えていく力をいう。

Q18 キャリア教育にどう取り組みますか

ここがポイント！

◎働くことの尊さと職業についての理解を深める。

Q なぜキャリア教育が必要なのですか。

A 精神的・社会的自立が遅れてしまい、人間関係を築けず、将来に夢を描けず、働くことの意義を見出せずに、働く意欲をなくしてしまう若者が出てきているからです。

Q キャリア教育とはどのような教育ですか。

A 一人ひとりの社会的・職業的自立に向け、必要な基盤となる能力や態度を育てることを通じてキャリアの発達を促す教育のことです。

Q 小学校ではどのように行いますか。

A 小学校では、発達段階に応じて体験的な活動・奉仕的な活動を行って、働くことの意義について学習させます。また、高学年では、総合的な学習の時間を使って、職場体験を実施します。職場での仕事が自分たちの生活に役立っていること、人々は相互に関わり合って生活していること、仕事の大切さについて指導するようにします。

Q 中学校ではどのように行いますか。

A 中学校になると5日間の職場体験活動があるので、実際に働いてみて働くことの大変さ、大切さ、充実感、喜びなどを実感させて、職業に対する具体的体験を積ませます。人のために働くという意識と意欲を育て、生徒に主体的に進路を選択できる力を育てていくことが大切です。

押さえておこう

1. キャリア教育は、幼児から各学校で発達段階に応じて一貫して進めていく必要があるが、進路指導は中学校・高等学校で行われる。
2. 職業観・勤労観の育成には、人間関係形成能力、情報活用能力、将来設計能力、意思決定能力などが関係する。

持続発展教育にどう取り組みますか

◎持続可能な社会を構築するための担い手の育成を図る。

Q 持続可能な開発のための教育（ESD）とは、何のために行うのですか。

A 環境的視点、経済的視点、社会文化的視点から、より質の高い生活を次世代も含むすべての人々にもたらすことができる開発や発展をめざした教育で、持続可能な未来や社会構築のために行動できる人材の育成です。

Q 具体的な学習内容は、どのようなものですか。

A 環境学習やエネルギー学習、防災学習、国際理解学習、生物多様性の学習、気候変動の学習などで、これらの分野をつなげて総合的に取り組みます。

Q 校長として、子どもたちがどんな力を身に付けられるとよいと思いますか。

A 問題や現象の背景の理解、多面的かつ総合的なものの見方を重視した体系的な思考力を身に付けることです。また、コミュニケーション能力やデータ・情報の収集・分析力も必要です。

Q 他にはどんな力が必要ですか。

A 批判力を重視した代替案の思考力、人間の尊重、多様性の尊重、非排他性、機会均等、環境の尊重等の持続可能な発展に関する価値観などを持つことです。

押さえておこう

1. 社会、理科などに「持続可能」「持続的」という文言が盛り込まれ、ESD（Education for Sustainable Development）の理念を盛り込んだ授業実践が求められている。
2. 各教科だけでなく、総合的な学習の時間を含めて、学校教育活動全体を通じて ESD に関わる学習をすることが重要である。

Q20 食育の推進にどう取り組みますか

┌─ ここがポイント! ─────────────────────┐

◎**食育は、栄養教諭を中心に学校全体で取り組む。**

└──────────────────────────────────┘

Q あなたの学校では、食育をどのように進めていますか。

A 「食に関する指導に係る全体計画」を作成し、校長の指導のもと、関係職員が連携・協力しながら継続的・体系的な食育指導をしています。食育については、子どもたちの栄養摂取の偏り、朝食欠食などの食生活の乱れ、肥満・痩身傾向、孤食など家庭での食生活の乱れが問題となっており、保護者とも緊密に連携・協力を図って取り組んでいます。

Q 給食指導をしっかりと行っているのですね。

A 新型コロナウイルス感染症の感染防止のため、給食時間には会話をしないように指導しています。早く収束してほしいのですが気を緩めないで、対応しています。

Q 学校に栄養教諭はいるのですか。

A はい。栄養教諭が配置されており、食に関する指導と、学校給食の管理にあたっています。

Q 栄養教諭の役割は何ですか。

A 食に関する指導として、肥満、偏食等の児童・生徒に対する個別指導を行うこと、学級担任等と連携して、集団的な食に関する指導を行うこと、他の教職員や家庭・地域と連携した食に関する指導を推進するための連絡・調整を行うこと、学校給食の管理として、栄養管理、衛生管理、検食、物資管理等を行うことです。

┌─ 押さえておこう ─┐

1．栄養教諭は、学校教育法 37 条 13 項に「児童の栄養の指導及び管理をつかさどる」と定められており、平成 17 年度に創設された職である。
2．栄養教諭に関しては、配置を地方公共団体や設置者の判断に任せる任意配置主義が採られている。

Q21 コミュニケーション能力をどう高めますか

◎教員、子どもともに対人関係能力の向上を図る必要がある。

Q 「コミュニケーション能力」とは、どの答申で使われた言葉ですか。

A 中央教育審議会答申「新しい時代の義務教育を創造する」（平成17年10月26日）で示された「総合的な人間力」の人格的資質の1つです。

Q 教員に必要な資質だといわれているのですか。

A この答申では、「優れた教師の条件」として、①教職に対する強い情熱、②教育の専門家としての確かな力量、③総合的な人間力が示されました。このうち、③の総合的な人間力の中で挙げられています。

Q 他にはどんな力が必要とされていますか。

A コミュニケーション能力以外には、豊かな人間性や社会性、常識と教養、礼儀作法をはじめ、対人関係能力などの人格的資質を備えることが挙げられています。

Q コミュニケーション能力をどのように高めていきますか。

A 校内研修や自主研修などのコミュニケーション能力を高める研修に参加して、自分自身で自覚を持って高めるようにします。

Q 子どもたちにもコミュニケーション能力の向上は必要ですか。

A 子どもたちにとっても、コミュニケーション能力を高めていくことは大切です。授業での話し合い活動を通じて、相手の話をよく聞く、他の子どもの意見を尊重するといったことを指導します。

押さえておこう

1. 子どもたち同士が互いに刺激し合って、友だちの考えを理解したり、自分の考えを深めたりすることが大切である。

2. 外国語活動においても、子どもたちの1対1でのコミュニケーション活動だけでなく、グループ学習を取り入れるなど柔軟にデザインすることが必要である。

幼保小連携の意義は何ですか

ここがポイント！

◎小学校と幼稚園・保育園が交流・連携し、指導の連続性を持たせる。

Q 幼保小の連携が必要なのは、どうしてですか。

A 小学校に入学したばかりの1年生が、授業に集中できないといった「小1プロブレム」と呼ばれる現象が起きているからです。

Q 具体的には、どのような状態ですか。

A 1年生が、集団行動がとれない、授業中に座っていられない、先生の話を聞かないなどの行動をしてしまうことです。

Q 原因は何だと思いますか。

A 幼稚園・保育園は主に遊びを通じた活動である一方、小学校は教科書を使った座学です。そのギャップに関する接続の課題があると思います。

Q 幼保小の連携とは、どのようにしていくことですか。

A 小学校の教職員と幼稚園・保育園の教職員がお互いに授業参観をしたり、定期的に連絡を取り合ったり、話し合ったりして、共通認識を持って連携を図ることが必要だと思います。

Q 話し合いの他には、どんな方法が考えられますか。

A 小学校の学年だよりや、幼稚園・保育園の年長だよりなどを交換して情報交換を図り、お互いの指導方法の理解を図ることが必要です。また、小学校低学年の総合的な学習の時間に、年長の園児を招待して一緒に活動することで、小学校の様子を理解させるという方法もあります。

押さえておこう

1. 「小1プロブレム」の要因としては、家庭の教育力が低下し、子どもたちの自制心や耐性、規範意識が十分に育っていないことも考えられる。
2. 一人ひとりの児童の理解に努め、児童の状況をしっかりと把握し、達成感を味わわせるような学習や活動に取り組ませることも必要である。

Q23 言語活動の充実に どう取り組みますか

ここがポイント！

◎学習活動の基盤として、全教科等を通じて改善・充実を図る。

Q なぜ言語活動の充実が必要なのですか。

A 基礎的な知識・技能を習得し、これらを活用して課題解決をするために必要な思考力、判断力、表現力その他の能力を育むために、言語活動の充実を図る必要があります。

Q 言語活動の中で、言語能力というのは重要なのですか。

A 言葉は、学校という場において児童・生徒が行う学習活動を支える重要な役割を果たすもので、すべての教科等における資質・能力の育成や学習の基盤となるものです。

Q 国語だけでなくすべての教科等において重視するのですか。

A 言語に関する能力を育成する中核的な国語はもちろん、その他の各教科等でも、それぞれの教科等の目標を実現する手立てとして、知的活動やコミュニケーション、感性・情緒の基盤といった言語の役割をふまえて、言語活動を充実させる必要があります。

Q 「主体的・対話的で深い学び」にもかかわってきますか。

A 「主体的な学び」や「深い学び」にもかかわると思いますが、教職員と児童・生徒、児童・生徒同士の対話によって思考を広げ深める「対話的な学び」に結びついてくると思います。「主体的・対話的で深い学び」は、国語や各教科等における言語活動などすべての教科等にかかわるもので、さらに改善・充実することが必要だと思います。

押さえておこう

1. 言語は知的活動やコミュニケーション、感性・情緒の基礎であり、全教科の記録、説明、論述、討論という学習活動の充実にとっても重要である。
2. 読むことについても、受け身の読書にとどまらず、情報を主体的に読み解き、考えの育成に生かしていく読書（インタラクティブ・リーディング）の重要性が指摘されている。

Q24 # 伝統や文化の尊重等に どう取り組みますか

ここがポイント！

◎体験活動を通じて、国際社会で活躍できる日本人を育成する。

Q なぜ伝統や文化に関する教育の充実が叫ばれているのですか。

A 国際社会で活躍する日本人の育成を図るため、学習指導要領の改善事項の1つとして示されました。

Q 具体的にはどのようにするのですか。

A 国語科の古典、社会科での歴史学習、音楽科での唱歌・和楽器の演奏、美術科での我が国の美術文化の紹介、保健体育科での武道などを通じて、教育課程の中で重点的に指導していきます。

Q それは子どもたちに、どのような効果を及ぼすのですか。

A 私たちの先人たちが、長い歴史の中で培ってきた伝統や文化を尊重する心を育てるとともに、国や郷土を愛する心が育っていきます。

Q 国際理解はどのように進めますか。

A 総合的な学習の時間などに地域に住む外国の人を講師に招いて、その人の国の話を聞くといった体験活動を行うことで、外国の異文化を尊重する心を育て、国際理解を進めていきます。

Q 2つを同時に進めていくのですね。

A 伝統や文化の尊重と国際理解は、互いにつながっているものだと考えています。日本の文化と外国の文化、双方への理解に努めます。我が国を愛する気持ちが深まることによって、外国の文化も尊重する態度が生まれます。

押さえておこう

1. 外国の文化への理解を通じて、国際社会の平和と発展に寄与する態度を養うことが必要である。
2. 地域の伝統文化や行事、生活習慣など、地域ごとに固有な内容について課題にすることで推進を図る。

中高一貫教育とは何ですか

ここがポイント！

◎中等教育の多様化の促進のために、中高一貫教育の導入が図られた。

Q **中高一貫教育の実施形態はどのようなものがありますか。**

A 3つの実施形態があります。1つ目は、1つの学校として6年間を一体的に教育指導する「中等教育学校」です。2つ目は、同一の設置者が中学校と高等学校を設置して接続する「併設型中学校・高等教育学校」です。3つ目は、異なる設置者による中学校と高等学校が教育課程や教員・生徒間交流等を深める「連携型中学校・高等学校」です。

Q **教育課程についてはどのようになっていますか。**

A 中等教育学校では、前期課程は中学校の基準を、後期課程は高等学校の基準を準用するようになっています。中高一貫教育の利点を活かして、6年間を通じた特色あるカリキュラムを編成できるように特例措置が設けられています。

Q **教育課程の点でも従来の制度と比べて、工夫されていますね。**

A 生徒一人ひとりの個性を重視した教育の実現を図ることができて、生徒の個性や才能を伸ばすことが可能になります。

Q **他にはどんな利点がありますか。**

A 6年間の計画的・継続的な教育指導を行うことで、ゆとりのある安定的な学校生活が送れるようになります。

押さえておこう

1. 入学者の選抜についても、公立の中等教育学校では学力検査を行わないなどの配慮がなされている。
2. 生徒集団が長期間同じメンバーで固定されることによる弊害をなくすような工夫が求められる。

教職員に
関する質問25

教職員の人事には どんなものがありますか

ここがポイント!

◎県費負担教職員の人事権は、都道府県教育委員会にある。

Q 教職員の人事にはどのようなものがありますか。

A 教職員の採用、昇任、降任、転任等です。教職員の人事については、市町村の教育委員会の内申に基づいて、都道府県教育委員会が行います（地方教育行政の組織及び運営に関する法律38条1項）。

Q 教職員とは、誰のことをいいますか。

A 校長、副校長、教頭、主幹教諭、指導教諭、教諭、養護教諭、栄養教諭、助教諭、養護助教諭、講師、寄宿舎指導員、学校栄養職員、並びに事務職員（以上常勤の者に限る）のことをいいます（公立義務教育諸学校の学級編制及び教職員定数の標準に関する法律2条3項）。

Q 教職員の定数は何によって決められているのですか。

A 「公立義務教育諸学校の学級編制及び教職員定数の標準に関する法律」及び「公立高等学校の適正配置及び教職員定数の標準等に関する法律」で、都道府県ごとに置くべき小・中・高等学校の教職員の総数の標準が定められています。

Q 市町村が教職員を採用することはできますか。

A 平成18年3月に「市町村立学校職員給与負担法」が一部改正されて、4月から施行されました。義務教育の水準維持のための教職員定数を県費負担教職員によって確保した上で、市町村が実情に合わせて独自に教職員を任用することが可能になりました。

押さえておこう

1. 平成16年から、国庫負担金の範囲内で都道府県教育委員会が教員の給与水準と教員配置が決定できる総額裁量制が導入されている。
2. 総額裁量制による非常勤講師の増加、市町村による教職員採用の拡充など教職員人事は多様化しているが、教育水準格差拡大を懸念する声もある。

教員免許状とは
どんなものですか

Q2

第7章 教職員に関する質問25

> ここがポイント!
>
> ◎普通免許状、特別免許状、臨時免許状の３つがある。

Q **教員として勤務するには、教員免許状を持っている必要がありますね。**

A 教育職員免許法３条に、幼稚園、小学校、中学校、高等学校、中等教育学校及び特別支援学校等において教育職員として勤務するには、相当する教員免許状を持っていなければならないと定められています。

Q **教育職員とは、誰のことですか。**

A 教育職員とは、学校教育法１条に定める学校の主幹教諭、指導教諭、教諭、助教諭、養護教諭、養護助教諭、栄養教諭、保育教諭等及び講師をいう、と教育職員免許法２条で定められています。

Q **教員免許状には、どんな種類がありますか。**

A 教員免許状の種類は、普通免許状、特別免許状、及び臨時免許状で、免許状は、都道府県の教育委員会が授与します。普通免許状には、学校（中等教育学校を除く）の種類ごとの教諭の免許状、養護教諭の免許状、及び栄養教諭の免許状があります（同法４条１項、２項）。

Q **特別免許状とは、どのようなものですか。**

A 社会人登用のための教諭免許状として、学校種及び教科ごとに授与する「教諭」の免許状です。教育職員検定に合格すれば授与されます（同法４条３項、５条３項）。10年間の有効期限が設けられ、授与された都道府県でのみ通用します（同法９条２項）。

> 押さえておこう

1. 専修免許状は修士の学位を、一種免許状は学士の学位を、二種免許状は短期大学士の学位を有することが基礎資格とされている。
2. 臨時免許状は、３年間、その免許状を授与した授与権者の置かれる都道府県においてのみ効力を有するが、相当期間、普通免許状を有する者を採用できない場合に限り６年間とされる（同法９条３項、附則６項）。

Q3

服務の根本基準について説明してください

ここがポイント！

◎服務とは、職務に服する教職員が守るべき義務及び規律のこと。

Q 服務の根本基準について、法令ではどのように定められていますか。

A 公立学校の教職員は地方公務員であり、地方公務員法30条には「すべて職員は、全体の奉仕者として公共の利益のために勤務し、且つ、職務の遂行に当つては、全力を挙げてこれに専念しなければならない」と定められています。

Q 同法31条に定められている服務の宣誓について説明してください。

A 公務を民主的かつ能率的に運営すべき責務を深く自覚し、全体の奉仕者として誠実かつ公正に職責を遂行することへの宣誓です。

Q 教育基本法にもありますね。

A 教育基本法9条に「法律に定める学校の教員は、自己の崇高な使命を深く自覚し、絶えず研究と修養に励み、その職責の遂行に努めなければならない」と定められています。

Q 服務義務の内容について述べてください。

A 「職務上の義務」には、服務の宣誓、法令等及び上司の職務上の命令に従う義務、勤務時間中に職務に専念する義務があります。「身分上の義務」には、信用失墜行為の禁止、秘密を守る義務、政治的行為の制限、争議行為等の禁止、営利企業への従事等の制限があります。

押さえておこう

1．県費負担教職員は、任命権は当該都道府県教育委員会にあるが（地方教育行政の組織及び運営に関する法律34条）、服務監督権は当該市町村教育委員会に属する（同法43条）。
2．学校教育法37条4項は「校長は、校務をつかさどり、所属職員を監督する」と定めており、教員が属する学校の校長も服務監督を行う。

職務専念義務の免除とはどういうことですか

◎勤務時間中でも、認められた場合は職務専念の義務は免除される。

Q 職務専念の義務とは、どういうことですか。

A 地方公務員法 35 条に「職員は、法律又は条例に特別の定がある場合を除く外、その勤務時間及び職務上の注意力のすべてをその職責遂行のために用い、当該地方公共団体がなすべき責を有する職務にのみ従事しなければならない」と定められています。

Q では、その職務専念義務が免除されるとはどういうことですか。

A 法律または条例などに特別な定めがあり、認められた場合は、職務専念の義務が免除されます。ただし、職務専念義務の免除は公務優先の原則に対する例外的、限定的な特例と考えるべきです。

Q 法律・条例の定めとは、どんな場合ですか。

A 法律の場合は、地方公務員法に基づく休職、停職、教育公務員特例法に基づく兼職・兼業に従事する場合、労働基準法に基づく休憩・休日・休暇などです。条例の場合は、学校職員の勤務時間、休日、休暇等に関する条例、職務に専念する義務の特例に関する条例などです。

Q 条例に基づく免除を具体的に述べてください。

A 修学部分休業、高齢者部分休業、自己啓発等休業、職員団体の専従者の場合などです。その他、証人、鑑定人、参考人等で官公署に出頭する場合や選挙権などの権利を公使する場合なども免除されます。

1. 校長の職務専念義務の免除の承認は教育長が、所属職員については校長が行う場合が多い（例：東京都立学校職員の職務に専念する義務の免除に関する事務取扱規則）。
2. 「職務専念義務免除」という言葉は長いので、「義務免」「職専免」などの略称が使われ、出勤簿上の表示も略称が用いられる場合がある。

Q5 職務命令とは
どのようなものですか

ここがポイント！

◎職務命令は、公務員の職務に関し職務上の上司が発する命令である。

Q どうして職務命令が必要なのですか。

A 公務員の組織全体が一体となって職務遂行に取り組む必要があり、組織規律を保持するために職務命令が必要です。学校も同じで、組織規律を保持する重要な手段が職務命令です。

Q 職務命令を発する根拠として、どの法令がありますか。

A 公立学校の教職員は地方公務員ですから、地方公務員法32条で「職員は、その職務を遂行するに当つて、法令、条例、地方公共団体の規則及び地方公共団体の機関の定める規程に従い、且つ、上司の職務上の命令に忠実に従わなければならない」と定められています。

Q 職務命令の有効要件は何ですか。

A ①権限のある職務上の上司から出されたものであること、②職員の職務に関するものであること、③法律上、事実上の不能を命ずるものでないこと、④職務執行の独立に関するものでないこと、の4つです。

Q 職務上の上司とは、誰ですか。

A 地方教育行政の組織及び運営に関する法律43条の規定により、市町村教育委員会です。校長も学校教育法37条4項で「校長は、校務をつかさどり、所属職員を監督する」と定められているので、職務上の上司になります。

押さえておこう

1. 手続き・形式については特に規定がないので、適宜、文書または口頭で命ずることができる。訓令または通達の形式を用いることもある。
2. 職務命令の有効要件の「④職務執行の独立に関するものでないこと」については、教員には適用されない。

Q6 # 信用失墜行為とは何ですか

Q 信用失墜行為の禁止は、何に定められていますか。

A 地方公務員法33条に「職員は、その職の信用を傷つけ、又は職員の職全体の不名誉となるような行為をしてはならない」と定められています。

Q 信用失墜行為の態様を示す基準はありますか。

A 具体的に何をもって信用失墜行為とするかは、社会全体の道徳観・倫理観から、個別の案件ごとに判断します。特に教職員の場合には、児童・生徒の人格形成に関わる職務に従事していますので、高度な職業倫理が求められると思います。

Q 「その職の信用を傷つけ」「職員の職全体の不名誉となる」とはどういう行為ですか。

A 「その職の信用を傷つけ」とは、職務に関連して非行を行い、教職の信用を傷つけることです。「職員の職全体の不名誉となる」とは、職務上の非行も含まれますが、職務とは関連のない行為も含まれます。

Q 信用失墜行為の具体的事例を挙げてください。

A 児童・生徒への体罰・暴力問題、わいせつ・セクハラ行為、飲酒運転、交通事故、国旗・国歌の不適切な取扱い、金銭に関わる事故、個人情報の不適切な取扱い等です。

押さえておこう

1. 信用失墜行為を行った教員に対する処分は、戒告、減給、停職、免職の懲戒処分と、教職不適格としての分限処分がある（地方公務員法27条・29条）。
2. 信用失墜行為のような違反行為があった場合には、校長も監督責任を負うことになる。

Q7 教職員の守秘義務を説明してください

> **ここがポイント!**
>
> ◎職務上知り得た秘密については、漏らしてはならない。

Q 教職員の秘密を守る義務は、法令でどのように決まっていますか。

A 教職員も地方公務員なので、地方公務員法34条の「職員は、職務上知り得た秘密を漏らしてはならない。その職を退いた後も、また、同様とする」という守秘義務が課せられます。

Q 職務上の秘密を発表することはできるのでしょうか。

A 同法34条2項に「法令による証人、鑑定人等になり、職務上の秘密に属する事項を発表する場合においては、任命権者（退職者については、その退職した職又はこれに相当する職に係る任命権者）の許可を受けなければならない」と定められており、任命権者の許可が必要です。

Q 教職員に関係する秘密とは、何ですか。

A 児童・生徒の学業成績、指導要録や健康診断の記録、入試問題等が考えられます。また、児童・生徒の家庭環境に関する情報なども秘密に相当し、教職員として学校で知った情報はほとんど秘密になります。また、教職員に関する情報も含まれます。

Q もしも、秘密を漏らしたらどうなりますか。

A 地方公務員法では、職務上知り得た秘密を漏らした場合には、懲戒処分の対象になるばかりでなく、刑事罰（1年以下の懲役または50万円以下の罰金）をも科せられると定めています（60条）。

押さえておこう

1. 県費負担教職員が法令による証人、鑑定人等となり、職務上の秘密に属する事項を発表する場合においては、任命権者である市町村教育委員会の許可を受けなければならない（地方教育行政の組織及び運営に関する法律47条1項）。
2. 守秘義務を守らない場合は、教育や学校への信頼を失うことになるため、教職員への指導を徹底する必要がある。

Q8 営利企業への従事等の制限とは何ですか

ここがポイント！

◎本務や学校運営に支障がなければ、教育に関する他の職に限り可能。

Q 地方公務員は、営利企業への従事等の制限がありますね。

A 地方公務員法38条で、職員は任命権者の許可を受けなければ、①営利企業等の役員を兼ねたり、②自ら営利企業を営んだり、③報酬を得て何らかの事業、事務に従事したりできない、人事委員会は人事委員会規則で、この許可の基準を定めることができる、と定められています。

Q 教員も同じですか。

A 教育公務員である教職員については、教育公務員特例法17条で、教育に関する他の職との兼職や教育に関する他の事業、事務に従事する場合には、人事委員会が定める許可の基準による必要はなく、任命権者（県費負担教職員については市町村の教育委員会）限りの判断で許可できると特例が認められています。

Q 教育に関する他の職を兼ねるとはどういうことですか。

A 学校教育、社会教育、学術文化に関する他の職員の職を兼ねることです。その職務のために本務がおろそかになったり、学校運営に支障が生じたりしなければ他の職を兼ねることができます。

Q どうしてそういうことが認められているのですか。

A 教育公務員が教育に関する専門的な能力を活用することは、公共の利益のために尽くすという職務から考えても意義があるからです。

押さえておこう

1. 地方公務員法では給与を受けてはならないとされているが、教育公務員については、給与を受ける、または受けないこともできるとされている（教育公務員特例法17条）。

2. 当該学校を所管する教育委員会が本務を遂行するのに支障がないと認めた場合は、公立学校教員は私立学校教員等を兼ねることができる。

政治的行為の制限とは何ですか

◎教職員には、一定の政治的行為が禁じられている。

Q 政治的行為とは、何ですか。

A 政治的寄付金の募集・受領をしたり、公選による公職の候補者、政党その他の政治的団体の役員になったり、政治的活動をすることです。

Q 教職員の政治的行為の制限は、地方公務員とは何が違いますか。

A 一般の地方公務員の政治的行為の制限は地方公務員法36条に基づきますが、公立学校の教職員については、教育公務員特例法18条において国家公務員の例によるものとされ、国家公務員法102条及び人事院規則14-7に規定されている政治的行為の制限が適用されます。

Q それはどうしてですか。

A 教育が国民全体に直接責任を負って行われるべきものであり、一地方限りの利害にとどまらないという教育公務員の職務の特殊性によります。

Q 他には、どのような制限がありますか。

A 公職選挙法137条において、教育者が教育上の地位を利用して選挙運動をすることはできないとされており、勤務時間の内外を問わず、また、休暇、休職、在籍専従期間、育児休業、停職等により現実に勤務に従事しない者にあっても選挙運動が禁止されています。

押さえておこう

1．教育公務員特例法や公職選挙法の禁止・制限規定に違反した場合には、公務員の服務義務違反として懲戒処分の対象になる。

2．教育上の地位を利用した選挙運動は、1年以下の禁錮または30万円以下の罰金の対象となり（公職選挙法239条）、禁錮以上の刑が確定した場合には、免許状が失効（教育職員免許法10条）するだけでなく、公務員としての地位を失う（地方公務員法28条4号）。

争議行為等の禁止とは何ですか

ここがポイント!

◎教職員は、同盟罷業、怠業等の争議行為等は禁止されている。

Q 争議行為とは何ですか。

A 労働関係調整法7条によれば「この法律において争議行為とは、同盟罷業、怠業、作業所閉鎖その他労働関係の当事者が、その主張を貫徹することを目的として行ふ行為及びこれに対抗する行為であつて、業務の正常な運営を阻害するものをいふ。」となっています。

Q 争議行為は禁止されているのですか。

A 地方公務員法37条に、住民に対して同盟罷業、怠業等の争議行為、地方公共団体の機関の活動能率を低下させる怠業的行為をしてはならないと定められています。

Q 争議行為等が禁止されている理由は何ですか。

A 昭和51年5月21日最高裁判決（岩手県教組・学力テスト事件）では、地方公務員法37条1項の合憲性について、①国民全体の共同利益に重大な影響を及ぼすか、またはそのおそれがある、②地方公務員の勤務条件は地方公共団体の合理的な配慮で決定される、③争議権は、勤務条件の決定に不当な圧力を加え、ゆがめるおそれがある、④代償措置については、利益を保障する定めがなされている、とされています。

Q でも公務員も団体を作っていますよね。

A 地方公務員法52条では、その勤務条件の維持改善を図ることを目的として組織する団体またはその連合体の結成の自由が定められています。

押さえておこう

1. 日本国憲法28条は、団結権・団体交渉権・団体行動権という3つの労働基本権を保障しており、団体行動権に争議権と組合活動権が含まれる。
2. 公務員は、国民全体の奉仕者として勤務することが求められているので、争議行為等を行うことは禁止されている。

153

Q11 教職員研修には どんなものがありますか

◎主に職務研修、職専免研修、自主研修の３つがある。

Q 教職員の研修には、どのようなものがありますか。

A 職務研修、職専免研修、自主研修などがあります。

Q 教職員は研修を行わなければならないのですね。

A 教育公務員特例法では、教育公務員は、その職責を遂行するために、絶えず研究と修養に努めなければならず、その機会を与えなければならないとされており（21条1項、22条1項）、児童・生徒の教育を行うために、常に資質と能力の向上に努める必要があります。

Q 職務研修とはどのような研修ですか。

A 教育公務員特例法で定める初任者研修（23条）や中堅教諭等資質向上研修（24条）などの法定研修、教務主任研修などの職能に応じた研修、国の教育研修センターが実施する海外派遣研修等のことをいいます。

Q 職専免研修とはどのような研修ですか。

A 教育公務員特例法22条2項に基づき、職務に専念する義務が免除される研修です。

Q 勤務場所を離れる場合もありますね。

A 勤務場所を離れて研修を行う場合は、服務監督者（校長等）の職務命令によって公務上の出張扱いになります。

押さえておこう

1. ある研修について職務専念義務免除の便宜を与えるかどうかは、当該研修の内容に応じて本属長（校長）が決定する（教育公務員特例法22条2項）。

2. 従来の十年経験者研修は、教育公務員特例法の改正により、中堅教諭等資質向上研修に改められ、実施時期の弾力化が図られた（平成29年4月1日施行）。

Q12 初任者研修を
どのように行いますか

ここがポイント！

◎学級経営・教科指導・生徒指導などの能力を高めるために行う。

Q あなたの学校には初任者はいますか。

A はい。1名います。

Q 初任者研修の指導教員は、どのように決められていますか。

A 初任者の所属する学校の副校長、教頭、主幹教諭、指導教諭、教諭または講師のうちから、任命権者（県費負担教職員については市町村教育委員会）が命じます（教育公務員特例法23条）。

Q 初任者研修を実施する上で、気を付けていることは何ですか。

A 初任者研修指導教員だけでなく、授業については他の全教員にも参観させるようにして、実践的な指導力と使命感が育成できるように、学校全体で取り組むようにしています。採用された1年目は、条件附採用期間であることを十分に理解させ、教員として必要な資質と能力を身に付けさせるように、真剣な姿勢で初任者研修に取り組ませます。

Q 具体的にはどのような方法を採っていますか。

A 毎日その日の授業や研修内容について反省させます。指導教員や学年主任等に相談して問題点を残さないようにするよう指導しています。また、拠点校指導教員から受けた指導助言を次の授業や学級経営に生かしていくようにしています。

押さえておこう

1．初任者研修は、教育公務員特例法23条で定められた研修で、条件附採用期間である1年間に実施する研修である。

2．校内の初任者研修指導教員と初任者4名を1名で担当する拠点校指導教員（3校程度を担当）が中心となって、連携して進める。

Q13 分限処分・懲戒処分とは どのようなものですか

◎教職員が職責を果たせないとき、分限または懲戒が課せられる。

Q 分限処分とは、どのようなものですか。

A 校務の能率を維持するために、本人の責任の有無に関係なく、任命権者によって行われる身分上の不利益処分です。制裁処分としての性格はありません。

Q どのような内容ですか。

A 分限処分には、降任、免職、休職、降給の4種類があります（地方公務員法27条）。降任、免職の事由は、①勤務実績が良くない場合、②心身の故障のため、職務の遂行に支障があり、またはこれに堪えない場合、③その職に必要な適格性を欠く場合、④廃職または過員が生じた場合です。休職の事由は、①心身の故障のため、長期の休養を要する場合、②刑事事件に関し起訴された場合です（同法28条）。

Q 懲戒処分とは、どういうものですか。

A 教職員の服務義務違反に対して、公務員の秩序を維持するため、任命権者が制裁を科す処分です。

Q どのような内容ですか。

A 懲戒処分は、戒告、減給、停職、免職の4種類です。処分の事由は、①法令（地方公務員法等）等に違反した場合、②職務上の義務に違反し、または、職務を怠った場合、③全体の奉仕者としてふさわしくない非行のあった場合です（同法29条）。

押さえておこう

1. 県費負担教職員の分限処分・懲戒処分は、都道府県教育委員会が、市町村教育委員会の内申をまって行う（地方教育行政の組織及び運営に関する法律38条）。
2. 校長は、所属の県費負担教職員の任免その他の進退に関する意見を市町村委員会に申し出ることができる（同法39条）。

Q14 人事評価に どのように取り組みますか

> **ここがポイント!**
>
> ◎人事評価は、能力評価と業績評価の二本立てで構成される。

Q 地方公務員法の改正で導入された新しい人事評価制度とは、どのようなものですか。

A 人事評価は、職員の職務上の行動等を把握して顕在化した能力を把握する「能力評価」と職員が果たすべき職務をどの程度達成したかを把握する「業績評価」によって行われます。

Q 従来の勤務評定とは何が違うのですか。

A 勤務評定は、「評価項目が不明瞭であり、あらかじめ明示されていない」「上司から一方的に評価されるのみで、評価結果は部下に知らされない」「人事管理に十分活用されていない」といった問題点が指摘されていましたが、人事評価は、評価基準の明示や評価結果の本人への開示等により客観性・透明性を高めています。

Q 人事評価の結果はどのように活用されるのですか。

A 任用、給与、分限その他の人事管理の基礎として活用されます。

Q 公立学校では、法改正の前から人事評価システムの導入が広まっていましたが、管理職として評価を行う際は何が大切だと思いますか。

A 教室訪問等を通して、学習指導や学級・学年経営、校務分掌の遂行状況等について公正な評価をすることが大切です。また、当初面談、中間面談、最終面談などで、評価者と被評価者でコミュニケーションが図られるような人事評価が求められます。

> **押さえておこう**
>
> 1. 国の人事評価制度では、期首面談、業務遂行、自己申告、評価・調整・確認、評価結果の開示、期末面談という流れで構成されている。
> 2. 完全な人事評価は難しいが、教職員の職務内容について理解を深め、評価者として評価について多面的な根拠を得ることが必要である。

Q15 指導力不足の教員を どう指導しますか

ここがポイント！

◎児童・生徒への指導が不適切な教員には、適切に対応する。

Q あなたが転任した学校に指導力不足の教員がいたらどうしますか。

A 指導力不足の教員がいたら、直ちに対応します。まず学級での教育活動や指導を正常に戻し、児童・生徒、保護者へ対応します。

Q そんなに簡単に正常に戻りますか。

A 教室訪問を行い、不適切な指導に陥る原因を考え、その要因を把握します。そしてこの教員の指導力の向上のために、放課後などを活用して指導力向上の研修に努めさせます。

Q 学校全体としてはどう対応しますか。

A 指導力が不足し、学級が不安定になれば学級崩壊になりかねません。そこで、児童・生徒が落ち着くように教務主任を副担任につけ、全校の教職員にもその学級の指導に協力させます。

Q 指導力不足教員への指導は、どのように行いますか。

A 教科に関する専門的な知識、技能が不足して学習指導が適切にできないのか、指導方法が不適切なのか、児童等の心を理解する能力や意欲が不足しているのか、原因をよく見極めます。本人が抱える悩みを聞き、共感的に理解するとともに、指導上の課題に気づかせ、目標意識を持って少しでも向上するように努力させます。

押さえておこう

1. 教育公務員特例法 25 条の 2 では、指導が不適切であると認定した教諭等に対する指導改善研修について定められている。
2. 保護者に対する説明会を実施して、学校全体で指導力不足の教員への対応をしていることを理解してもらう。

Q16 教職員の不祥事をどう防ぎますか

<blockquote>
ここがポイント!

◎学校の信頼を保つため、適切な指導・監督を行う。
</blockquote>

Q 教職員の不祥事とはどんなものと考えていますか。

A 体罰、交通事故、飲酒運転、わいせつ・セクハラ行為、金銭に関わる事故、個人情報の不適切な取扱い等、教育公務員として恥ずべき行為です。

Q 教職員の不祥事防止にどのように取り組んでいますか。

A 計画的な研修計画を立てて、実施しています。他校で起こった体罰などの問題を自分自身の問題として考えさせて、問題解決策を挙げさせて、不祥事を起こさない意識を高めるようにしています。

Q 他にはどのようにしていますか。

A 教職員に対する理解を深め、教職員個々の悩みを相談できるような関係を築くようにして、不祥事の防止に努めています。また、教職員一人ひとりの日常生活をしっかりと観察し、1日1回は必ず声をかけて様子を把握するようしています。不祥事を起こしそうな教職員がいる場合には、個人的に指導して不祥事防止に努めていきたいと思います。

Q 教職員が不祥事を起こすと、管理職には監督責任がありますね。

A 指導監督不適正として、部下職員が懲戒処分を受けるなどした場合は、管理監督者としての監督責任が問われます。

押さえておこう

1. 不祥事を起こした場合に問われるのは、行政責任（懲戒免職等）、刑事責任（傷害罪等）、民事責任（損害賠償等）である。
2. 公立学校の教職員の場合は、学校の設置者である教育委員会が懲戒権者となる。県費負担教職員の場合は、懲戒権者は都道府県教育委員会となる。

Q17 勤務時間について知っていますか

ここがポイント！

◎勤務時間とは、職務に従事しなければならない時間である。

Q 勤務時間とは何のことですか。

A 職員が上司の監督の下にその職務に従事する時間です。

Q １日あたりの勤務時間はどのくらいですか。

A 学校の教職員の勤務時間は、１週間に38時間45分と定められています。１週間のうち月曜日から金曜日までが勤務日で、その５日間で１日当たり７時間45分の勤務時間が割り振られています。

Q 何の法令がもとになっていますか。

A 地方教育行政の組織及び運営に関する法律42条で、県費負担教職員の給与、勤務時間その他の勤務条件については、都道府県の条例で定めるとされています。

Q 勤務時間の割り振りとは何ですか。

A 勤務時間を個々の職員について具体的に確定することです。

Q 具体的にとは、どういうことですか。

A 勤務日の特定、勤務日における勤務すべき時間の特定、勤務日における勤務終始時刻の決定、勤務日における休憩時間の配置などを行います。

Q 勤務時間の割り振りは誰が行いますか。

A 教育委員会から委任された校長が行います。

押さえておこう

1. 勤務時間については、自分の自治体の勤務時間条例・規則等をしっかりと確認しておくこと。
2. 地方公務員には労働基準法が適用されており、使用者は勤務時間を適正に把握する責務があるため、学校においても管理職が適切に教職員の勤務時間を把握する必要がある。

Q18 時間外勤務とは何ですか

◎正規の勤務時間以外に勤務をすることが、時間外勤務である。

Q 時間外勤務とは何ですか。

A 正規の勤務時間を超えて勤務をさせたり、又は、土曜日・日曜日などの勤務を要しない日や休日に勤務をさせたりすることです。

Q 教職員に、時間外勤務を命じることができるのですか。

A 「公立の義務教育諸学校等の教育職員を正規の勤務時間を超えて勤務させる場合等の基準を定める政令」1号は、教育職員については、正規の勤務時間の割振りを適正に行い、原則として時間外勤務を命じないものとすると定められています。しかし、同政令2号では、臨時又は緊急のやむをえない必要があるときに限り、時間外勤務を命じることができるとされています。

Q 校長はどんな場合、教職員に時間外勤務を命じることができますか。

A ①校外実習その他生徒の実習に関する業務、②修学旅行その他学校の行事に関する業務、③職員会議に関する業務、④非常災害、児童又は生徒の指導に関し緊急の措置を必要とする場合その他やむを得ない場合に必要な業務の4つです。

Q 時間外勤務をすると、時間外勤務手当がもらえるのですか。

A 時間外手当や休日勤務手当は、支給されません。その代わりに、教育職員（校長、副校長及び教頭を除く）には、俸給月額の4％に相当する額が教職調整額として支給されています。

押さえておこう

1. 時間外勤務は、政令で臨時又は緊急のやむをえない必要があるときと定められており、「歯止め4項目」ともいわれている。

2. 公立の義務教育諸学校等の教育職員の給与等に関する特別措置法3条2項において、教育職員については時間外勤務手当及び休日勤務手当は、支給しないと規定されている。

Q19 育児休業制度について説明してください

ここがポイント!

◎子を養育する職員の継続的な勤務を促進する制度である。

Q 育児休業制度とは、どのような制度ですか。

A 任命権者の承認を受けて、子どもが3歳に達する日まで育児のために休業することができる制度です。また、小学校就学の始期に達するまでの子どもを養育するために、勤務時間の始め又は終わりに1日を通じて2時間の範囲内で勤務しないことが承認される部分休業という制度もあります。

Q 男性の職員も取れるのですか。

A 取れます。男女を問わず一般職に属するすべての職員が対象です。男女共同参画の観点から、男性職員も積極的に育児休業制度を活用することが望まれています。

Q 育児休業のときに給与は支給されますか。

A 育児休業を開始していた時に就いていた職は保有していますが、職務に従事していないため、育児休業をしている期間の給与は支給されずに無給です。しかし、各種の手当は支払われます。

Q 部分休業のときはどうですか。

A 部分休業の場合には、部分休業の時間に応じて給与は減額されますが、育児休業と異なり、昇給・昇格の対象となります。

押さえておこう

1. 育児休業の承認を受けようとする教職員は、育児休業をしようとする期間の初日及び末日を明らかにして、任命権者に対しその承認を請求する。

2. 育児短時間勤務制度は、職員が小学校就学の始期に達するまでの子を養育するために、常勤職員のまま、一定の勤務形態により、職員が希望する日又は時間帯において勤務ができる制度である。

介護休暇はどんなときに取得できますか

Q20

> ここがポイント！
>
> ◎介護を必要とする家族がいる場合には、介護休暇が取得できる。

Q 介護休暇はどういう場合に取れますか。

A 職員が要介護者（配偶者等で疾病、負傷又は老齢により日常生活を営むことに支障があるもの）の介護をするために取ることができます（一般職の職員の勤務時間、休暇等に関する法律20条）。日常生活を営むことに支障があるとは、食事、入浴、着替え、排泄等身の回りの世話を誰かの助けを借りないと十分にできないということです。

Q 介護休暇は、どのくらい取れるのですか。

A 一般職の職員の勤務時間、休暇等に関する法律20条では、要介護者の各々が当該介護を必要とする一の継続する状態ごとに、3回を超えず、かつ通算して6か月を超えない範囲内において必要と認められる期間と定められています。

Q 介護時間についてはどのようになっていますか。

A 同法20条の2で、連続する3年の期間内において1日の勤務時間の一部につき勤務しないことが認められることになっています。時間は、1日につき2時間を超えない範囲内とされています。

> 押さえておこう

1. 要介護状態にある家族の通院の付き添い等に対応するため、介護のための短期の休暇制度（年5日、対象者が2人以上では年10日）が設けられている（育児休業、介護休業等育児又は家族介護を行う労働者の福祉に関する法律16条の5）。
2. 給与については、勤務しない1時間につき、勤務1時間の給与額を減額すると定められている（一般職の職員の勤務時間、休暇等に関する法律20条3項）。

教職員のメンタルヘルスにどう対応しますか

ここがポイント!

◎組織的に予防、早期発見に努める。

Q あなたの学校には精神疾患で休職している教職員はいますか。

A 前任校には１名いましたが、現任校にはいません。

Q メンタルヘルス悪化の原因は何だと思いますか。

A 保護者や児童・生徒の変容と、学校や教職員への過度な期待やクレームの増大だと思います。また、学校が扱う教育内容が増加して、教職員の職務が増大化していることも一因と考えられています。

Q メンタルヘルスにはどのように対応したらよいと思いますか。

A まず、ICT の活用をして業務の効率化を図り、教職員の負担軽減に努めるようにします。また、協働体制を構築して職場のコミュニケーション環境を改善し、協働性、同僚性の向上に努めることだと思います。そして、教員の働き方改革に努め業務の負担軽減に努めることも大切です。

Q 他にはどうしたらよいですか。

A 教職員個人への相談体制を充実し、教職員個人の内面を支援する心理的なアプローチを図ることです。教職員が心の問題を抱える原因は、職務に関することばかりとは限りません。教職員本人や家族に関する個人的な問題の場合もあります。人事評価制度を利用して計画的な面談を行い、将来設計や悩みなどについても耳を傾け、適切なケアに努めるようにします。粘り強く対応して、早期発見に努めます。

押さえておこう

1. カウンセリング体制を整え、専門医療機関とも連携して、予防や早期発見に努める。実態に応じて通院を促し病気の療養を勧める。
2. 対応の難しい保護者への対応は、担任だけに任せるのではなく、学年主任や教頭が同席したり全校で組織的に対応したりして、担任の負担軽減を図る。

Q22 英語の教科化にどう取り組んでいきますか

ここがポイント!

◎小学校から教科型の学習として、英語を活用できるようにする。

Q 令和2年度から、従来の外国語活動が、小学校5・6年で教科化されました。どのように変わったか説明してください。

A これまではコミュニケーション能力の素地を養うことや外国の文化に親しむことが目的だった外国語活動が、定型表現を使って英語を活用できるようにする教科型の学習となりました。

Q 小学校でどの程度の目標になるのですか。

A 定型表現を用いて、簡単な挨拶ができるようにしたり、ごく短い簡単な指示に応答したりすることができるようにすることです。また、アルファベットの文字が書けて、簡単な単語の意味が理解できるようになることです。

Q 高い目標設定がなされましたが、課題はありますか。

A 授業では学級担任とともに ALT が参加することになっていますが、英語専科の教員の配置がなされたとしても、教員自身が専門性を高めること、英語力の向上が必要です。

Q 他の課題もありますか。

A 他には、他教科の授業時数の削減を行わないので、教科化された英語の授業時間を確保することです。小学校高学年では70時間の確保が必要です。小学校中学年でも、外国語活動の時間の確保が必要となってきます。

押さえておこう

1. 英語の教科化により、小学校3〜6年で覚える単語の目標数は600〜700語となり、「聞く」「話す」「書く」「読む」の基礎的な能力を育成することを目標とする。
2. 中学校、高校においても習得すべき英語力の引き上げが行われ、高校卒業時点での英語習得目標が3000語レベルから4000〜5000語レベルに引き上げられた。

Q23 体罰の防止に
どう取り組みますか

ここがポイント！

◎体罰はいかなる場合も許されないことを徹底して指導する。

Q 体罰が原因で高校生が自殺をする事件が起きていますが、どう思いますか。

A 体罰は決して許されない違法行為です。日常的に体罰を防止できる体制の整備の必要性を痛感しています。

Q どうして体罰が起きると思いますか。

A 教職員の思い上がりが一番の要因だと思います。また、「教職員と生徒との信頼関係があれば、教育的行為として、殴ったり蹴ったりすることは許される」という誤った認識を持っていることも考えられます。

Q あなたは校長として、体罰をどのようにして防ぎますか。

A 校内研修を行って、体罰に関する正しい認識を持たせ、誤った考えを容認する校内の雰囲気がある場合は、払拭していきます。

Q 他には何かありませんか。

A 指導が困難な一部の児童・生徒の指導を教職員に任せきりにせず、組織的な指導に努め、指導体制の見直しを図ります。また、説論・説得をもとにしたカウンセリング手法で行う指導を確立します。

Q もし、体罰が疑われる事案が発生したときはどうしますか。

A 児童・生徒や保護者、関係した教職員等への聞き取りから、事実関係の正確な把握に努めて対応します。

押さえておこう

1．学校教育法 11 条は体罰を禁じており、児童・生徒の身体を侵害し、肉体的苦痛を与えることは、いかなる場合も許されない。

2．文部科学省通知「体罰の禁止及び児童生徒理解に基づく指導の徹底について」（平成 25 年 3 月 13 日）、「体罰根絶に向けた取組の徹底について」（平成 25 年 8 月 9 日）も確認しておく。

パワハラの防止に どのように取り組みますか

ここがポイント!

◎すべての教員の様子や行動をしっかりと観察し、把握に努める。

Q パワーハラスメント（パワハラ）とは何ですか。

A 同じ職場で働く者に対して、職務上の地位や人間関係などの職場内の優位性を背景に、精神的・身体的苦痛を与えたり職場環境を悪化させたりする行為をいいます。

Q 具体的にはどのような行為ですか。

A 暴行・傷害などの身体的攻撃や脅迫・暴言などの精神的な攻撃をいいます。仲間外れや無視、業務に対する遂行不可能な過度な要求や程度の低い過小な要求、私的なことに過度に立ち入ることもパワハラになります。

Q どうしたら学校内のパワハラを防ぐことができますか。

A 教頭が委員長になって服務規律遵守委員会などを設けて、校長を中心にして校内での服務規律の徹底を図る必要があります。また、同僚などからのいじめ等がエスカレートしないように管理職が有効な対策を打つことが求められます。

Q ほかにはどうしたらよいですか。

A 職員室の主任である教頭が、すべての教員の様子や行動をしっかり観察し把握するようにすることです。また教員が困っていることや悩んでいることを気軽に相談できるような校内の雰囲気づくりに努めることも大切です。

押さえておこう

1. 令和元年10月、神戸市立小で男性教諭が先輩教諭4人から暴行暴言を繰り返し受ける事案があった。
2. 厚生労働省「職場のいじめ・嫌がらせ問題に関する円卓会議ワーキング・グループ報告」（平成24年1月）

Q25 公務災害補償とは何ですか

ここがポイント！

◎職員が公務により死亡、負傷などした場合に補償される制度。

Q 最近過労死の問題が話題になっていましたが、公務災害補償とは何ですか。

A 地方公務員法45条で定められている、職員が公務によって、死亡、負傷あるいは疾病にかかった等の場合に、地方公共団体が支払わなくてはならない当該職員又はその遺族若しくは被扶養者に対する補償のことです。

Q 補償については具体的にどんなきまりがありますか。

A 地方公務員災害補償法1条で、地方公務員災害補償基金を設けて対応すると定められています。

Q 公務災害の認定については、どのようになっていますか。

A 基金の支部（都道府県市）が、個々の具体的事案について、公務の遂行との相当因果関係（公務起因性）の認定を行うことになっています。

Q 日本の教員は、世界の中でも働き過ぎだといわれていますが、過労死も公務災害になりますか。

A 多忙な職務による疲労やストレスで死亡して公務災害が認められた例もあります。教員の働き方改革に努め、休養を取れるような体制を作ることが必要です。

押さえておこう

1. 通勤途上の災害は、合理的な経路をとり、合理的な方法である通勤の場合には、公務災害に準ずるものとして補償の対象となる。
2. 国民の間に広く過労死などの防止の重要性の自覚を促し、関心と理解を深めるために、11月が過労死防止啓発月間となっている。

第 8 章

児童・生徒に関する質問20

Q1 就学義務とは何ですか

ここがポイント！

◎すべての国民は、その保護する子女に就学させる義務を負う。

Q 就学義務とは、どんなことですか。

A 日本国憲法26条で「すべて国民は、法律の定めるところにより、その保護する子女に普通教育を受けさせる義務を負ふ」と定められた、教育を受けさせる義務を就学義務といいます。教育基本法5条1項でも、同じように定められています。

Q 普通教育は何年受けることになっていますか。

A 学校教育法16条で、「保護者は、次条に定めるところにより、子に9年の普通教育を受けさせる義務を負う」と定められています。また、17条では就学義務は、「子の満6歳に達した日の翌日以後における最初の学年の初めから」と開始年齢も定められ、「満15歳に達した日の属する学年の終わりまで」と終了年齢も定められています。

Q どこで教育を受けてもよいのですか。

A 同法17条1項で、小学校、義務教育学校の前期課程または特別支援学校の小学部と定められています。また2項で、中学校、義務教育学校の後期課程、中等教育学校の前期課程または特別支援学校の中学部と定められています。

Q 就学義務に違反するとどうなりますか。

A 同法144条で「第17条第1項又は第2項の義務の履行の督促を受け、なお履行しない者は、10万円以下の罰金に処する」と規定されています。

押さえておこう

1. 義務教育の義務とは、子どもが就学する義務を有するのではなく、保護者が子に就学させる義務を負っていると解される。
2. 学校教育法36条では、学齢（満6歳）に達しない子は、小学校に入学させることができないと定められている。

Q2 就学義務の猶予・免除とは何ですか

ここがポイント！

◎やむを得ず就学が困難な場合は、就学義務を猶予・免除できる。

Q 病弱等で就学できない場合は、どうなりますか。

A 学校教育法18条では、「保護者が就学させなければならない子で、病弱、発育不完全その他やむを得ない事由のため、就学困難と認められる者の保護者に対しては、市町村の教育委員会」は就学義務を猶予または免除することができると定められています。

Q どのように判定されるのですか。

A 保護者が就学義務の猶予・免除を市町村の教育委員会に願い出る際は、当該市町村の教育委員会の指定する医師その他の者の証明書等、その事由を証明するに足る書類を添えなければなりません（学校教育法施行規則34条）。それらを審査した結果、判定されます。

Q その他のやむを得ない事由とは、どんな場合ですか。

A やむを得ない事由とは、児童・生徒が失踪した場合、児童自立支援施設または少年院へ収容された場合、帰国児童・生徒で日本語能力の習得に一定期間が必要とされる場合などです。

Q 外国から帰国した児童・生徒の編入学はどうなっていますか。

A 日本国民である学齢児童・生徒が帰国した場合、その時点から保護者に就学義務が課せられることになり、原則としてその年齢に応じて、小学校または中学校の相当学年に編入学することになります。

押さえておこう

1. 学校教育法17条に規定する就学義務は、外国に居住する日本国民には適用されない。
2. 帰国児童・生徒の日本語能力等の事情により、学校の生活に適応するまで、一時的に下級の学年に編入することは可能である。

Q3　就学指導とは何ですか

ここがポイント!

◎一人ひとりのニーズに合った教育の場を決定し、支援すること。

Q 就学指導とは何ですか。

A 障害のある幼児・児童・生徒に対して、一人ひとりの状態やニーズに応じた就学先を決定し、支援していくことです。

Q 具体的には、どのように行いますか。

A 市町村教育委員会は、翌学年の初めから小学校等に就学させるべき者で、当該市町村に住所を有する者を対象に、学齢簿が作成されてから、翌学年の初めから4か月前までに就学時健康診断を行い、就学指導を行う義務があります（学校保健安全法11条）。

Q その結果はどのように活用されるのですか。

A 市町村教育委員会は、就学時健康診断の結果に基づき、治療勧告をしたり、保健上適切な助言を行ったり、学校教育法に規定する義務の猶予もしくは免除、または特別支援学校への就学に関して保護者の支援を行うなど、適切な措置を取ります（同法12条）。

Q 就学基準は、どこに示されているのですか。

A 学校教育法施行令22条の3に、視覚障害者、聴覚障害者、知的障害者、肢体不自由者または病弱者のそれぞれについて定められています。

Q 就学指導については、入学後も継続するということですね。

A 就学先が決定した後や入学後も、児童・生徒の成長に応じた支援を継続します。

押さえておこう

1．障害のあるなしにかかわらず、児童・生徒がその持てる力を十分に発揮できる教育の場を措置することが必要である。

2．就学先決定後も硬直的にならずに、就学先を柔軟に見直していくことも求められる。

認定特別支援学校就学者とは何ですか

◎視覚障害者等の就学先は、総合的な観点から決定する。

Q 認定特別支援学校就学者とは、どのような人ですか。

A 視覚障害者等（視覚障害者、聴覚障害者、知的障害者、肢体不自由者または病弱者（身体虚弱者を含む）で、その障害が、学校教育法施行令22条の3に規定する程度のもの）のうち、市町村教育委員会がその障害の状態、その者の教育上必要な支援の内容、地域における教育の体制の整備の状況その他の事情等を勘案して、特別支援学校に就学させることが適当であると認める者です（学校教育法施行令5条）。

Q 就学先を決定する仕組みが変わったのですか。

A 平成25年8月に学校教育法施行令が改正され、視覚障害者等について、特別支援学校への就学を原則とし、例外的に認定就学者として小・中学校へ就学することを可能としていた従来の規定が改められました。

Q 具体的には、どのように行うのですか。

A 市町村教育委員会は、児童・生徒等のうち視覚障害者等について、就学・転学に係る通知をしようとするときは、その保護者及び教育学、医学、心理学、その他障害のある児童・生徒等の就学に関する専門的な知識を有する者の意見を聴くものとすることになりました（同施行令18条の2）。

1. 平成28年4月より、全ての国民が障害の有無によって分け隔てられることなく、相互に人格と個性を尊重し合いながら共生する社会の実現を目的とした「障害を理由とする差別の解消の推進に関する法律」が施行された。

2. 文部科学省「障害のある子供の教育支援の手引～子供たち一人一人の教育的ニーズを踏まえた学びの充実に向けて～」（令和3年6月30日公表）

特別支援教育をどう推進しますか

◎障害のある幼児・児童・生徒の自立のための教育である。

Q **特別支援教育の対象となる児童・生徒とは、どんな子どもですか。**

A 平成 18 年学校教育法の一部改正時までの「特殊教育」の対象とされた障害のほか、LD（学習障害）、ADHD（注意欠陥多動性障害）、高機能自閉症、アスペルガー症候群といった発達障害も含まれます。

Q **それまでの特殊教育とは違うのですか。**

A はい。形態としては、特別支援学校、特別支援学級、通級による指導の 3 つの形で行います。

Q **校長としては、特別支援教育をどのように進めていきますか。**

A 障害を持つ児童・生徒一人ひとりの教育的ニーズを把握して、持てる力を高め、生活や学習上の困難を克服するために、適切な教育や指導を通じて必要な支援を行います。

Q **具体的にはどのように行いますか。**

A 特別支援教育コーディネーターを任命し、障害を持つ児童・生徒一人ひとりの個別の教育支援計画を策定させ、教育的支援を行う人や関係機関との調整にあたらせるようにします。保護者に対しての相談窓口や、障害を持っている児童・生徒の担任の支援にもあたらせます。

押さえておこう

1. 学習面や行動面で特別な教育的支援が必要な児童・生徒に対して全校的な支援体制を整備する校内委員会の設置も必要である。

2. 文部科学省の調査によると、特別支援学校在学者数は 14 万 1944 人、特別支援学級在学者数は 23 万 6123 人、通級指導を受けている児童・生徒は 10 万 8946 人である（平成 29 年度）。令和 3 年度には特別支援学校在学者数が 14 万 6285 人で過去最多となっている。

Q6 LD・ADHDの子どもに どう対応しますか

ここがポイント!

◎児童・生徒の困難を克服するために、適切な支援を行う。

Q 学校の中に LD（学習障害）、ADHD（注意欠陥多動性障害）傾向の子どもはいますか。

A ２年生の男子に LD 傾向の子が１人、５年生の男子に ADHD 傾向の子が１人います。

Q LD 傾向の子はどんな様子ですか。

A LD の子は全体としての知能に問題はなく、算数の計算などはとても速いのですが、担任が話しているときに突然話し出すことがあるなど、話すことに特別の障害を持っているようです。

Q ADHD 傾向の子はどんな様子ですか。

A ADHD の子は感情のコントロールができません。漢字を間違えたときに、友だちが「間違っているぞ」といっただけで、興奮して暴れたりします。クラスの他の児童には、その子にまわりの子と異なる対応したり、はやし立てたりしないように細やかな配慮に努めて指導しているのですが、時折こうしたことが起きます。

Q 暴れたときはどのように対応していますか。

A 担任が抱きかかえるようにして教育相談室などに連れて行き、興奮が収まるまで話をよく聞くようにしています。その間は教務主任がその学級で授業を行い、担任が戻るのを待つように対応しています。

押さえておこう

1. LD、ADHD、高機能自閉症等の発達障害を持った児童・生徒一人ひとりへの教育的ニーズに応じた教育を実践する必要がある。

2. 通級指導教室を利用したり、特別支援教育コーディネーターと連携をしたりして、生活や学習上の困難に必要な支援を行うことが重要である。

交流教育をどう推進しますか

ここがポイント!

◎交流を通じて、共に助け合うことの大切さが学べる。

Q 障害を持った児童との交流教育をしていますか。

A 現任校には特別支援学級がありますので、校内の協力体制を構築したり、特別支援学級の児童が一部の教科学習に参加したり、日常のさまざまな場面での活動を共に行っています。

Q 他にはどんな活動を行っていますか。

A 運動会の集団演技や音楽会の合唱などは、練習から一緒に行っています。また、写生や校外学習に行くときも可能なかぎり、特別支援学級の児童が一緒に参加します。

Q 子どもたちにはどんな効果が出ていますか。

A 障害のある児童との交流及び共同学習は、障害のある児童に対する正しい理解と認識を深める絶好の機会です。同じ社会に生きる人間として、お互いを正しく理解し、共に助け合い、支え合って生きていくことの大切さを学んでいるようで、子どもたちに思いやりや優しさが生まれています。

Q 特別支援学校との交流はありますか。

A 年に1回特別支援学校との交流の際には、特別支援学校の児童・生徒が来校しますので、そのときに全校集会を行って、特別支援学校の児童・生徒と絵画の作品やおたよりの交換などをしています。お互い楽しみにしているようです。

押さえておこう

1. 学校が相互に連携を図ることで、同一校種だけでなく異校種間においても、幅広い連携や交流が考えられる。
2. 近隣の小学校や幼稚園、保育所、特別支援学校等との交流は、児童・生徒にとって、視野を広げるよい機会となる。

Q8 どんな場合に性行不良で出席停止になりますか

ここがポイント!

◎性行不良で他の児童・生徒の妨げになるときは、出席停止になる。

Q 性行不良による出席停止は、誰が命じるのですか。

A 学校教育法35条では、市町村教育委員会は、性行不良で、他の児童・生徒の教育の妨げになる者について、その保護者にその者の出席停止を命じることができる旨が定められています。

Q その適用要件は、どのような場合ですか。

A ①他の児童・生徒に傷害、心身の苦痛または財産上の損失を与える行為、②職員に傷害または心身の苦痛を与える行為、③施設または設備を損壊させる行為、④授業その他の教育活動の実施を妨げる行為の4つです。

Q 出席停止は、懲戒として行うのですか。

A 出席停止の制度は、本人に対する懲戒という観点からではなく、学校の秩序を維持し、他の児童・生徒の義務教育を受ける権利を保障するという観点から設けられています。

Q どのくらいの期間、出席停止になるのですか。

A 出席停止の期間は、個々の事情により異なりますが、出席停止は教育を受ける権利に関わる措置なので、可能な限り短い期間になるように配慮する必要があります。また、出席停止期間中の児童・生徒への学習支援等についてもきめ細かな配慮が必要になります。

押さえておこう

1. 出席停止を命じる場合は、あらかじめ保護者の意見を聴取するとともに、理由及び期間を記載した文書を交付しなければならない（学校教育法35条2項）。

2. 義務教育諸学校での出席停止は、性行不良による出席停止の他に、感染症による出席停止（学校保健安全法19条）がある。

児童・生徒に懲戒を加えることはできますか

ここがポイント!

◎教育上必要なときは、児童・生徒に懲戒を加えることができる。

Q 児童や生徒に懲戒を加えることはできますか。

A 学校教育法 11 条に、「校長及び教員は、教育上必要があると認めるときは、文部科学大臣の定めるところにより、児童、生徒及び学生に懲戒を加えることができる」と規定されています。また、学校教育法施行規則 26 条 1 項に「校長及び教員が児童等に懲戒を加えるに当つては、児童等の心身の発達に応ずる等教育上必要な配慮をしなければならない」と定められています。

Q 懲戒にはどのような種類がありますか。

A 訓戒や叱責、起立、罰当番などの事実行為としての懲戒と、退学、停学、訓告などの処分としての懲戒があります（学校教育法施行規則 26 条 2 項）。停学は、学齢児童や学齢生徒に行うことはできません（同規則 26 条 4 項）。

Q 校長としては、体罰にならないようにどのようにしますか。

A 学校教育法 11 条の但書きに「ただし、体罰を加えることはできない」と記されています。体罰と懲戒の違いを機械的に判定することは困難ですが、いかなる場合も身体に対する侵害（殴る、蹴る等）、肉体的苦痛を与える懲戒（正座・直立等の特定の姿勢を長時間保持させる等）である体罰を行ってはならないことを研修で教職員に指導します。

押さえておこう

1. 教職員の懲戒行為が体罰に当たるかは、個々の事案ごとに総合的に判断する必要がある。
2. 文部科学省通知「問題行動を起こす児童生徒に対する指導について」（平成 19 年 2 月 5 日）及び「体罰の禁止及び児童生徒理解に基づく指導の徹底について」（平成 25 年 3 月 13 日）を確認しておく。

Q10 不登校児童の指導に どう取り組みますか

ここがポイント！

◎不登校の解決の目的は、児童・生徒の社会的自立のため支援することである。

Q 不登校とはどういうことですか。

A 何らかの心理的、情緒的、身体的あるいは社会的要因・背景により、児童・生徒が登校しないあるいはしたくとも出来ない状況にあること（ただし、病気や経済的理由による者を除く）をいいます。また、不登校児童・生徒とは、年度間に連続または断続して30日以上欠席した児童・生徒のうち、不登校を理由とする者のことです。

Q 学年別では、何年生が多いのですか。

A 学年が上がるほど増加しますが、小学校から中学校への進学時に新しい学習や生活環境の変化に適応できないために、急激に増加します。「中1ギャップ」ともいわれ、文部科学省の調査によると、令和2年度の不登校の数は小学6年生が1万9881人、中学1年生が3万5998人と約1.8倍に急増しています。新型コロナウイルス感染症の感染回避により長期欠席となり、30日以上登校しなかった児童生徒数は、小学校1万4238人、中学校6667人でした（令和2年度）。

Q 不登校を生まないためにはどうしたらよいと思いますか。

A 児童・生徒が不登校にならないためには、いじめなどが起きない安心して通うことができる学校を実現するなど、魅力あるよりよい学校づくりをめざすことです。また、個々の児童・生徒に対してきめ細かく柔軟な個別的・具体的な対応をすることも必要です。

押さえておこう

1. 不登校を心の問題としてだけでなく、進路の問題として捉え、本人の進路形成に資するような指導、相談、学習支援等の対応をする。

2. 不登校になった児童・生徒への対応に関して、保護者がその役割を適切に果たせるように、学校と家庭、関係機関の連携を図ることが必要である。

Q11 別室登校の子どもに どう対応しますか

ここがポイント！

◎スクールカウンセラー等と連携し細やかな配慮を行う。

Q あなたの学校には、別室登校や保健室登校の子どもはいますか。

A はい、います。5年生の女子で教室には入れないので、教育相談室に机を置いて一日過ごしています。

Q 学級担任はどうしていますか。

A その子は授業が始まってから登校するので、スクールカウンセラーが、登校したことを担任に知らせます。担任は休み時間に教育相談室に行き、必ず声をかけ、その子どもとの交流にあたっています。

Q 困っていることはありますか。

A 給食を誰が運ぶのか、教育相談室に他の児童の保護者が相談にきたときにはどうするのか、遠足などの学校行事で他の子どもが学校からいなくなったときにはどうするのかなどについて、細やかな配慮が必要です。

Q 別室登校等の原因は何だと思いますか。また、どう対応していますか。

A 友だちとの関わり方が難しく、教室にいると大勢の子どもがいるので不安になるようです。担任・学年主任・教育相談主任で援助方針や支援計画を立てて総合的に対策を図っています。また、保護者とも定期的に連絡を取り、別室登校でもよいので、必ず学校に送り出してほしいと協力を求めています。学習についても、スクールカウンセラーが毎日しっかりと面倒を見ているので安心してくださいと伝えています。

押さえておこう

1. 保健室はけがをしたり、病気になったりした子どもが出入りするので、教室に入れない子どもが出た場合の居場所をどこにするかは難しい。

2. 学級担任との関わりが持てない場合は、養護教諭やスクールカウンセラーなどが声かけだけでも続ける必要がある。

Q12 暴力行為にどう対応しますか

ここがポイント!

◎児童・生徒に配慮し、暴力の背景を把握して指導・援助を行う。

Q 暴力行為とはどういうものですか。

A 文部科学省の定義では、自校の児童・生徒が故意に有形力（目に見える物理的な力）を加える行為とされています。

Q 具体的に説明してください。

A 暴力の対象により、次の4つの形態に分かれています。「対教師暴力」（教師に限らず用務員等の学校職員を含む）、「生徒間暴力」（何らかの人間関係がある児童・生徒同士に限る）、「対人暴力」（対教師暴力、生徒間暴力の対象者を除く）、学校の施設・設備等の「器物損壊」の4つです。

Q 暴力行為が起きた場合の指導は、どのように行いますか。

A 問題を起こした児童・生徒との信頼関係に配慮した対話を心がけるとともに、暴力が発生した背景と思われる一人ひとりの資質、性格や生活環境などを把握し、きめ細かく理解した上で、児童・生徒の指導や援助に結び付けていく必要があります。

Q 暴力行為をなくすためにはどうしたらよいと思いますか。

A 学校のすべての教育活動で規範意識を育成し、自己抑制力を形成させる必要があります。特に正義感や公正さを重んじる心、他人を思いやる心など、豊かな心の育成を図ることが大切です。しかし、過度な校則の押し付けは、ブラック校則になる可能性もあり、児童・生徒への十分な配慮も必要です。

押さえておこう

1. 深刻な暴力行為に対しては、個々の事例に即した的確な判断と十分な教育的配慮のもとで出席停止や懲戒などの措置を講じる必要もある。
2. 暴力行為の予防のためには、学校が家庭・地域・関係機関からの協力を得て、連携を図りながら健全育成活動を進めることも不可欠である。

**Q13 放課後子ども総合プラン
とは何ですか**

ここがポイント!

◎放課後子供教室と放課後児童クラブを連携して実施する。

Q なぜ放課後子ども総合プランが実施されているのですか。

A 地域社会の中で、放課後や週末などに子どもたちが安全で安心して、健やかに育まれるように行われています。

Q 放課後子ども総合プランの目的を説明してください。

A 各市町村において教育委員会が主導して、福祉部局と連携を図り、原則としてすべての小学校区で「放課後子供教室」と「放課後児童クラブ」を一体的あるいは連携して実施する総合的な放課後対策を推進することです。

Q 放課後児童クラブとは、学童保育のことですか。

A 前身はそうですが、旧厚生省が支援して平成9年に放課後児童健全育成事業として法制化されました。共働き家庭等の留守家庭のおおむね10歳未満の児童に対して、放課後に適切な遊びや生活の場を与えて、その健全な育成を図ると児童福祉法6条の3に定められています。

Q 放課後子供教室とは何ですか。

A 文部科学省が平成19年に「地域子供教室」を基本的に踏襲しつつ、新たに学習アドバイザーを配置するなど、家庭の経済力等にかかわらず、学ぶ意欲がある子どもたちに学習機会を提供する取組みを追加するなどした制度です。

押さえておこう

1. 「放課後子供教室」はすべての子どもたちを対象として、安全・安心な子どもの活動拠点を設け、地域住民の参画でさまざまな活動機会を提供する。
2. すべての児童の安全・安心な居場所づくりの観点から、小学校の余裕教室等の活用や教育と福祉との連携方策等について検討しつつ放課後児童クラブ及び放課後子供教室を計画的に整備していく。

Q14 不審者の侵入にどう対応しますか

ここがポイント!

◎学校への侵入を防ぐ諸対策を総合的に実施する必要がある。

Q 学校への不審者の侵入に、どう対策を図るべきだと思いますか。

A まず、校門をしっかりと施錠し、来訪者の出入り口を限定し、来訪者の身元確認を必ず行うことが大切だと思います。また、学校内の植栽もしっかりと剪定し、周囲から学校の校庭の様子がよく見えるようにするなどの工夫も必要です。

Q 施設・設備については、どうしたらよいと思いますか。

A インターホンや防犯カメラを設置し、不審者が校内に侵入しにくい雰囲気を作ることも必要です。また、校門やフェンス等の点検・整備をして破損している箇所をなくし、簡単に侵入できないようにします。

Q 教職員への指導はどうしますか。

A 来校者に廊下等で出会ったときにはしっかり声をかけたり、見知らぬ人については用件を確かめたりするように指導します。また、学校危機管理マニュアルに従った確認、校内巡回の実施、さすまたを使っての防護といった安全研修も行います。

Q 児童・生徒への指導はどうするべきですか。

A 校内に不審者が侵入した場合を想定して避難訓練を行います。また、「いか(知らない人についていかない)、の(知らない人の車にのらない)、お(おおごえで叫ぶ)、す(すぐ逃げる)、し(周りの大人にすぐしらせる)」という、「いかのおすし」の指導を徹底します。

押さえておこう

1. 学校周辺や通学路に不審者が出没することもあり、地域安全マップの作成、保護者や地域住民の立哨、子ども110番の家の協力が必要である。

2. 警察等との連携は、学校警察連絡協議会の場を通して、平常時の情報交換や、学校内外の巡回の要請などに努める必要がある。

規範意識をどのように育成しますか

ここがポイント!

◎規範意識の育成は、すべての教育活動で取り組む必要がある。

Q 子どもたちの規範意識の低下の原因をどのように考えていますか。

A 規範意識は家庭での保護者によるしつけや基本的習慣の確立の中で育まれるものですが、少子化や都市化等による家庭や地域の教育力の低下から、十分に果たされていないと思います。また、大人のモラルの低下も原因だと考えます。

Q 学校の中では、具体的にどのようなことが起きていますか。

A 髪を染めてきたり、遅刻が常習化したり、服装が乱れてきたりしています。また、チャイムが鳴っても席に着かなかったり、授業で使う教科書を持ってこなかったりする児童・生徒もいます。

Q どのようにすれば、規範意識を育てることができると思いますか。

A 道徳教育や生徒指導を中心にして、学校生活のすべての分野で規範意識の育成を図る必要があります。授業での発言の仕方、聞き方なども規範意識を育成する上では重要ですので、すべての教育活動で、一定のルールのもとに推進することが大切です。

Q 具体的にはどのように進めていきますか。

A しっかり挨拶をする、ずるをしない、人の物を取らない、順番を守るなど、基本的な決まりの遵守から始めて、保護者や家庭の協力も得て進めていくことが必要だと思います。

押さえておこう

1. 規範意識を育む指導については、児童・生徒の発達段階に即して意図的・計画的に推進する。
2. 決まりを守ることの重要性、必要性を自覚させ、決まりを遵守することがよい人間関係を生むもとになることを教える。

Q16 人権教育をどう推進しますか

ここがポイント！

◎自分の人権のみならず、他人の人権も尊重することを学ぶ。

Q なぜ学校で人権教育を推進する必要があるのですか。

A 他人をけなす言葉を使ったり、差別的発言をしたり、いじめたりすることは、決して行ってはならないことです。相手の立場を尊重して、自分の大切さとともに相手の大切さを認めることが必要です。

Q 学校の中では、具体的にどのように行いますか。

A すべての教育活動で指導を進め、人権に関する知識を身に付けさせ、人権感覚を高めます。また、体験的な学習を進めることで、他人の心や気持ちを共感的に受け止める感受性を育んでいくようにします。

Q 人権侵害というのは、どういう場合に起きるのでしょう。

A 生命・身体の安全に関わる事象、社会的身分、門地、人種、信条、性別、障害などによる不当な差別が人権侵害です。現在の課題としては、女性、子ども、高齢者、障害者、同和問題、外国人、犯罪被害者に関する差別や、インターネットを使った人権侵害などがあります。

Q 学校全体としては、どのようにしたらよいと思いますか。

A 学校としては、発達段階に即して、日常的な指導、学年・学級経営、教科等における人権教育の全体計画を立てて、年間指導計画を作成して着実に実践すべきです。

押さえておこう

1. 人権意識の高揚と人権に対する正しい知識を身に付けさせ、人権を守ることの大切さを理解させる。
2. 人権教育が真に実を結ぶようにするには、教職員と児童・生徒の信頼関係を基本として、保護者や地域との信頼関係を確立して進めることが大切である。

Q17 読書活動の推進を どう図りますか

ここがポイント！

◎朝読書を中心に、全校で計画的に推進する。

Q 読書活動の推進をどのように図っていますか。

A 週に２日間、朝読書の時間10分間を時間割に位置付けて、計画的に全校読書をしています。また、隔週で保護者が学校支援ボランティアとして読み聞かせ活動を行っています。

Q どのような効果が出ていますか。

A 週に２日間は１日の教育活動の始まりを静かな全校読書活動で始めていますので、その影響は他の日にも現れ、児童に落ち着きと穏やかさが出てきています。

Q 読書は児童にとってどんな意味を持ちますか。

A 読書は言葉や文字の読み書きを学ぶだけでなく、感性を磨き、創造力を育み、表現力を高めるなど、人生をより豊かに生きる力を身に付ける上で重要な意味を持っていると思います。

Q 学校としてはどのようにしたらよいですか。

A 学校図書館が、児童が自ら学ぶ学習・情報センターとしての機能と豊かな感性や情操を育む読書センターとしての機能を発揮することによって、児童の主体的、意欲的な学習活動や読書活動に寄与することが大切だと思います。また、国語科、社会科及び総合的な学習の時間等各教科において、学校図書館を計画的に活用した教育活動の展開に一層努めることが重要です。

押さえておこう

1. 司書教諭を中心に教育課程の展開に寄与するとともに、児童・生徒の自主的、主体的な学習や読書活動を推進することが必要である。
2. 学習指導要領では学校図書館の計画的な利用が強調されていることからも、読書活動のさらなる取組みが必要であり、学校や図書館などの相互協力が重要である。

児童自立支援施設について説明してください

ここがポイント!

◎児童の状況に応じて指導を行い、自立を支援する施設である。

Q 児童自立支援施設とは、どういうところですか。

A 以前は感化院、少年教護院、教護院といわれていた施設で、平成9年の児童福祉法の改正により名称が変わりました。

Q どんな児童が入所するのですか。

A 「不良行為をなし、又はなすおそれのある児童及び家庭環境その他の環境上の理由により生活指導等を要する児童」と児童福祉法44条で定められています。不良行為以外の具体例としては、虐待を受けた子ども、トラウマを抱えている子ども、発達障害のある子ども、抑うつ・不安といった問題を抱えている子どもなどです。

Q そういう子どもは全員が入所するのですか。

A 保護者の下から通わせる場合もあります。児童自立支援施設では、個々の児童の状況に応じて必要な指導を行い、その自立を支援し、あわせて退所した者について相談その他の援助を行います。

Q 具体的にはどのようなことをするのですか。

A 安定した生活環境を整えるとともに、個々の児童の適正や能力に応じて、自立支援計画を立てます。基本的生活習慣の確立を図り、豊かな人間性・社会性の形成、将来の自立生活のために必要な知識や経験を獲得させるようにします。

押さえておこう

1．少年法24条により、家庭裁判所が保護観察、児童自立支援施設または児童養護施設、少年院の保護処分の決定を行う。
2．児童福祉法35条2項及び児童福祉法施行令36条により、都道府県は児童自立支援施設を設置することになっている。

Q19 児童虐待にどう対応しますか

ここがポイント!

◎児童虐待への対応は、児童と身近に接する学校の役割が大きい。

Q 児童虐待が増えていますが、どのように対応していますか。

A 児童虐待の防止等に関する法律5条は、学校等は児童虐待を発見しやすい立場にあることを自覚し、児童虐待の早期発見に努めなければならないと定めています。児童が登校してきたときや、担任が出席を取るときなどに、児童の顔色や様子をよく観察するようにしています。

Q 顔や体に青いあざなどの異変があった場合には、どう対応しますか。

A 保健室か教育相談室に子どもを呼んで、話を聞くようにします。養護教諭や担任などがよく見て、児童の普段の様子と違う場合には、家庭での暴力がなかったかどうかを聞き出します。

Q もしも親の虐待だった場合はどうしますか。

A 親に学校に来てもらい、話をよく聞くようにします。担任だけでなく、保健主事か教務主任が同席して対応します。

Q 親が「嘘をついたのでしつけのために叩いたのであって、虐待ではない」といったら、どうしますか。

A 子どもがあざを作るほど叩かれたら、子どもの体だけでなく心も傷つくことをしっかり指導します。もしも続くようであれば、児童相談所や教育委員会に連絡をする必要が生じることを伝え、やめさせるようにします。

押さえておこう

1. 児童虐待の防止等に関する法律では、「虐待を受けたと思われる児童を発見した者は、速やかに〔中略〕児童相談所に通告しなければならない」と定められている（6条）。
2. 児童虐待があった場合には、解決まで長期間に及ぶことが予想されるため、担任だけでなく、学校全体で組織的に対応する必要がある。

「LINE」等 SNS による トラブルをどう防ぎますか

ここがポイント！

◎情報モラルの指導、相手を思いやる気持ちを丁寧に指導する。

Q **「LINE」でのトラブル防止にどのように取り組みますか。**

A 「LINE」は、児童・生徒が友だち同士で特定のグループを作って、おしゃべりをしたり、連絡を取り合ったりすることから、学校がこのトラブルの内容を把握するのはとても難しいと考えています。しかし携帯電話やスマートフォンが急速な勢いで普及しているので、きめ細かな対策が必要だと思います。

Q **きめ細かな対策とは何ですか。**

A グループを作ってそこから抜けられないようにしたり、同調圧力をかけたり、深く考えずにメッセージを送ったりしないように、SNSやメールの利用の仕方について全校や学級でしっかり指導して、情報モラルの確立に努めます。また、SNS等によるコミュニケーションは感情が伝わりくく誤解が生じやすいこと、相手の気持ちを考える大切さを丁寧に指導します。

Q **「LINE」のメンバーを調べたりすると、逆に反感を持っていじめが陰湿化する可能性もあるのではないですか。**

A あわててグループの仲間などを調べようとしたりすると逆に反感を持つ児童・生徒が出ないとも限らないので、慎重に対応する必要があると思います。

押さえておこう

1．「LINE」等 SNS による友だちへの非難の書き込みは、書かれた児童・生徒がとても傷つき、苦しむことを児童・生徒に理解させる。
2．「LINE」等でのトラブルは学校外で起きることが多く、保護者に児童・生徒の様子を把握するよう協力を依頼する。

保健・安全等に関する質問15

Q1 学校保健安全委員会をどう活用しますか

ここがポイント!

◎学校の保健・安全管理のために活性化が必要である。

Q あなたの学校では、学校保健安全委員会は設置されていますか。

A 校長、教頭、教務主任、保健主事、生徒指導主事、養護教諭、学校医、学校歯科医、学校薬剤師、PTA役員、民生児童委員、学校評議員、児童相談所職員等を構成員として設置されています。

Q 学校保健安全委員会の法的な根拠は何ですか。

A 学校保健安全法1条に、児童・生徒等及び職員の健康の保持増進のため保健管理に努め、安全の確保のために安全管理についても努め、学校教育を円滑に進め、成果を上げられるようにと定められています。

Q この委員会で何を話し合いますか。

A 年度当初には、学校で立案した学校保健安全計画について、それぞれの立場からの意見や指導をしていただきます。年度途中には、学校保健安全が計画的に推進できているかを評価するとともに、不十分な点は指摘していただき、修正を図ります。年度末には、1年間の学校保健安全についての評価と来年度に向けての方向性について協議します。

Q 校長として委員会推進で気をつけることは何ですか。

A 児童・生徒の学校保健や学校安全の推進について、油断せずに常に念頭に置くことです。新型コロナウイルス感染症対策をはじめ、学校の保健安全管理のためにこの委員会を活用します。

押さえておこう

1. 教職員の意識の向上のために、学校保健安全計画や全体計画などの研修を推進することも必要である。
2. 保健教育・安全教育の充実が、児童・生徒の自己決定力、判断力を高め、命を守る力を育むことになる。

就学時健康診断で何に気を付けますか

ここがポイント!

◎ 11月末日までに就学予定者の健康診断を実施する。

Q 就学時健康診断で、学校が気を付けなければならないことは何ですか。

A 4月に入学してくる新入生が、全員就学時健康診断を受けてくれるかどうかです。名簿を用意してしっかりと確認します。

Q 他にはありませんか。

A 特別支援教育コーディネーターを指導して、全員の児童の様子をしっかり観察させます。もちろん校長や教頭も、控室にいる児童の様子を観察し、教育支援委員会のときの参考にします。

Q 就学時健康診断実施の法的根拠は何ですか。

A 学校保健安全法11条と12条に、市町村の教育委員会が就学時の健康診断を行わなければならないと規定されています。同法施行令1条には、就学時健康診断の時期、2条には検査の項目についても定められています。

Q 検査の項目は何ですか。

A 栄養状態、脊柱及び胸郭の疾病及び異常の有無、視力及び聴力、眼の疾病及び異常の有無、耳鼻咽頭疾患及び皮膚疾患の有無、歯及び口腔の疾病及び異常の有無、その他の疾病及び異常の有無の7つです。他には、学級編制に役立たせるために、知能検査を行う場合もあります。

押さえておこう

1. 就学時健康診断の時期は、学齢簿が作成された後、学年の初めの4か月前、つまり11月末までに行わなければならない（学校保健安全法施行令1条）。

2. 就学時健康診断では検査項目が多くあるために、内科、眼科、歯科、耳鼻科などの学校医が来校する。

Q3 学校三師とは何ですか

ここがポイント！

◎学校三師とは、学校医、学校歯科医、学校薬剤師のことをいう。

Q 学校医、学校歯科医、学校薬剤師（以下「学校三師」という）が学校に置かれている法的根拠を述べてください。

A 学校保健安全法23条1項に「学校には、学校医を置くものとする」と定められ、2項に「大学以外の学校には、学校歯科医及び学校薬剤師を置くものとする」と定められています。

Q 学校三師の職務は何ですか。

A 同法23条4項に「学校医、学校歯科医及び学校薬剤師は、学校における保健管理に関する専門的事項に関し、技術及び指導に従事する」と定められており、保健管理がその職務です。

Q 職務内容は具体的に決められていますか。

A 学校保健安全法施行規則22条に学校医、同規則23条に学校歯科医、同規則24条に学校薬剤師の職務執行の準則が定められています。学校保健計画及び学校安全計画立案の参与、健康相談、保健指導、疾病の予防処置等が具体的に定められています。

Q 学校三師が執務した場合、行うべきことはありますか。

A 職務に従事した場合は、その状況の概要を学校医・学校歯科医・学校薬剤師執務記録簿に記入して、校長に提出します（同規則22条2項、23条2項、24条2項）。

押さえておこう

1. 学校三師は、地方公務員法上の特別職で非常勤の職員にあたり、職務に対しては報酬が支払われる。
2. 学校医・学校歯科医・学校薬剤師執務記録簿には、執務者氏名、執務日時、執務場所などを記入するようになっている。

Q4 保健主事・養護教諭の職務は何ですか

ここがポイント!

◎保健主事と養護教諭が連携し、学校保健の推進を図る。

Q **保健主事の法的な根拠について述べてください。**

A 学校教育法施行規則 45 条に「小学校においては、保健主事を置くものとする」と定められており、その他の校種にも準用されます（中学校：79 条、義務教育学校：79 条の 8、高等学校：104 条、中等教育学校：113 条、特別支援学校：135 条）。

Q **保健主事の職務はどういうものですか。**

A 同規則 45 条の 4 項に「保健主事は、校長の監督を受け、小学校における保健に関する事項の管理に当たる」と定められており、保健教育と保健管理の調整を図り、学校保健活動を推進することです。

Q **養護教諭の法的な根拠について述べてください。**

A 学校教育法 37 条 12 項に「養護教諭は、児童の養護をつかさどる」と定められており、児童・生徒の養護が職務です。その他の校種にも準用されます（中学校：49 条、義務教育学校：49 条の 8、高等学校：62 条、中等教育学校：70 条、特別支援学校：82 条）。

Q **養護とは具体的にどうすることですか。**

A 児童・生徒の健康状態を日常的に観察し、児童・生徒の心身の状況を把握し、児童・生徒の健康の保持増進のための活動を推進することです。健康上の問題を発見したときは、保健主事と連携・協力しながら、遅滞なく必要な措置を講じ、保護者にも必要な助言を行います。

押さえておこう

1. 保健主事と養護教諭は、相互の役割を認識して協力し、学校の児童・生徒の健康をしっかりと守ることが大切である。
2. 学校教育法施行規則 45 条 3 項に「保健主事は、指導教諭、教諭、又は養護教諭をもつて、これに充てる」とあり、2 つの職を兼ねることができる。

Q5 感染症にどのように対応しますか

ここがポイント！

◎感染症の流行を防ぐためには、出席停止等の防止策が重要。

Q 感染症というのはどんな病気ですか。

A 学校保健安全法施行規則18条に、学校において予防すべき感染症が第1種から第3種まで挙げられています。第1種はエボラ出血熱、ジフテリア、特定鳥インフルエンザ等、第2種はインフルエンザ、百日咳、麻しん、風しん、水痘等、第3種がコレラ、腸チフス等です。

Q これらの感染症の出席停止期間について知っていますか。

A 学校保健安全法19条に、校長は感染症や被疑者の児童・生徒等について、出席停止をさせることができると定められています。出席停止期間は、同法施行規則19条に定められており、感染症の種類によって異なりますが、例えば第1種は完全に治癒するまでです。

Q 出席停止の報告事項は何ですか。

A 学校保健安全法施行令7条に、学校の設置者への報告が定められ、同法施行規則20条に、①学校の名称、②出席を停止させた理由及び期間、③出席停止を指示した年月日、④出席を停止させた児童・生徒等の学年別人員数、⑤その他参考となる事項を、書面で記載し報告するものと定められています。

Q 感染症の感染防止にどのように努めますか。

A 感染症の早期発見、早期対応、感染源の隔離、感染経路を絶つ（手洗いの励行、過熱、消毒、害虫駆除）など、衛生管理の徹底に努めます。

押さえておこう

1. 児童・生徒は罹患しやすい年齢層であり、集団で教育する学校は、感染症に対しての予防・防止策が必要である。
2. 学校の設置者は、感染症の予防上必要があるときは、臨時に、学校の全部又は一部の休業を行うことができる（学校保健安全法20条）。

Q6 新型インフルエンザにどう対応しますか

ここがポイント!

◎他の感染症と同様に感染経路を断つのが重要である。

Q 新型インフルエンザには、どのような対策を行っていますか。

A 子どもたちには、うがいと手洗いの励行を進めています。また、教室の入り口や昇降口には、水もタオルも使わない手指消毒剤を置いて、使うように指導しています。

Q 他にはどうしていますか。

A インフルエンザ対策のときと同じように、咳エチケットのためにマスクを着用するように指導しています。

Q 家庭への指導はどのようにしていますか。

A 咳が出たり熱が出たりして体調が悪くなったら、必ず医師に診てもらうように、保護者に連絡をしています。

Q 新型インフルエンザの患者が出た場合に、学校はどうしますか。

A 必ず医師の診察を受けるように指示して、インフルエンザは感染症なので罹患児童・生徒を出席停止にします。また学校医に報告して、欠席者が多い場合には、学級閉鎖などの措置も取ります。集団発生の場合は、学校医・教育委員会・保健所等に連絡し、患者の措置に万全を期すようにします。教育委員会の指示に従って校内の消毒も行い、新型インフルエンザの流行の防止に全力であたります。

押さえておこう

1. 新型インフルエンザに感染した場合は、重症化すると急性脳症になったりして死に至る場合があるので要注意である。
2. 平成24年には新型インフルエンザ等対策特別措置法が定められ、対策の実施に関する計画等が示されている。

Q7 児童・生徒のPTSDにどう対応しますか

◎学校医、スクールカウンセラーと連携して心のケアに努める。

Q PTSD とは、どういうものですか。

A 児童・生徒や教職員の死傷者の発生というような重大な事態に遭遇したときに、心に外傷を受けた児童・生徒たちが、眠れなくなったり、震えがきたり、忘れようとしても繰り返し思い出したりするような症状が1か月以上も持続する場合を、PTSD（心的外傷後ストレス障害）といいます。

Q 重大な事態というのは、他にはどんなものがありますか。

A PTSD は、地震や洪水、火事などの災害、いじめや体罰等の犯罪、つまり命の危険を感じたり、圧倒的な強い力に支配されたりするような原因でも起きることがあります。

Q こうしたことが起きたときに管理職はどう対応するべきですか。

A 学校医やスクールカウンセラーなどの専門職と十分連携し、児童・生徒の心のケアに努めることが必要です。

Q 他にはどんな対応が必要ですか。

A 児童・生徒が安心して話ができる環境づくり、保護者や教職員がしっかり見守る体制づくりなどに努め、児童・生徒が規則正しい生活ができるように支援していく必要があります。

押さえておこう

1. 怖い経験をしても全員が PTSD になるわけではなく、同じ事故にあっても PTSD になる人とならない人がいる。
2. PTSD の治療は、心の傷の回復とつらい症状の軽減の2本柱で考える。SSRI（選択的セロトニン再取り込み阻害薬）をはじめとする抗うつ剤等の薬も治療に使われることがある。

Q8 危機管理に どう取り組みますか

ここがポイント！

◎危機管理マニュアルをもとに、学校内外で対策を万全に行う。

Q 危機管理とは、どのようなことをいいますか。

A 児童・生徒の生命や心身等に危害をもたらすさまざまな危険を未然に防ぎ、万が一事件・事故が発生しても、その被害を最小限にするために迅速かつ適切に対処することです。

Q 法令で定められているのですか。

A 学校保健安全法 29 条に、危険等発生時に学校の職員が取るべき措置の具体的内容及び手順を定めた危険等発生時対処要領を作成するよう定められています。これは、学校危機管理マニュアルと呼ばれます。

Q 学校危機管理マニュアルには、どんな内容が書かれていますか。

A 不審者が学校に侵入したときの対応、登下校時の児童・生徒の交通事故への対応、校内での事故発生時の教職員の対応、AED の使用法や心肺蘇生の行い方、子ども 110 番の家との連携等について、詳しく書かれています。

Q 学校危機管理マニュアルの見直しは行われていますか。

A 年度ごとに行っています。教職員の転入などもありますので、年度当初の職員会議で、教頭や教務主任から「学校危機管理マニュアル」に関する説明が行われます。そのときに、前年度から見直した点の説明などがなされています。最近では、東日本大震災の経験をふまえ、地域防災拠点としての学校の役割等について見直しが行われました。

押さえておこう

1. 校長は、危険等発生時対処要領の職員への周知、訓練の実施、危険等発生時に職員が適切に対処するために必要な措置を講ずる（学校保健安全法 29 条 2 項）。
2. 危機管理マニュアルやさまざまな想定に基づき、学校内の訓練・研修を企画・実施することで、教職員一人ひとりの意識を高め、危機管理体制を確立することが大切である。

Q9 食物アレルギーにどのように対応しますか

ここがポイント!

◎児童・生徒の実態把握、保護者との連携により未然防止に努める。

Q 学校給食での食物アレルギーを防ぐために、注意していることを挙げてください。

A 毎年度当初、卵、牛乳、小麦、ピーナッツ等の食物アレルギーを持っている全校の児童・生徒の正確な情報を保護者への調査票などから収集し、個別に対応する児童・生徒の把握に努めています。また、学級担任は毎月の詳細な献立情報を提供し、保護者に学校生活管理指導表の提出を求め、食物アレルギー事故の未然防止に努めています。

Q 具体的にどのような管理をしていますか。

A 卵、牛乳、小麦、ピーナッツ等が給食に出る頻度が高いので、除去食・代替食への十分な対応をしています。除去食の調理では、アレルギー対応の調理ラインを個別に設定し、学校栄養士や調理員で十分な確認を行い、個別の容器に学級・個人名を明記し、調理員から学級担任を通じて子どもに確実に届くようにしています。

Q 非常事態が起きた場合の想定はしていますか。

A 非常事態に対応するために、全教職員にエピペン（アドレナリン自己注射薬）の使い方の講習を受講させ、その接種効果についての理解に努めています。また、校内において事故が発生した場合を想定し、学校医や消防救急関係者等専門家の指導のもと、教職員の緊急対応の仕方について確認しています。

押さえておこう

1. 複数の臓器症状が急速に進行するアナフィラキシーでは、ショック状態や呼吸器症状が激化し、それが原因で死亡することがある。
2. 食物アレルギーだけでなく、学校給食は、食中毒や感染症、異物混入、火傷などさまざまな事故の発生の可能性があることに留意する。

Q10 避難訓練をどのように行っていますか

ここがポイント!

◎具体的な場面を想定して、真に迫る緊張した訓練を行う。

Q 学校における避難訓練を、どのように行っていますか。

A 1年間に3回行っています。①地震が起きた場合、②火災が発生した場合、③学校内に不審者が侵入した場合を想定して、避難訓練を行っています。

Q どのような点に注意して行っていますか。

A 地震発生時を想定した訓練では、非常階段を使いますが、訓練によって避難の仕方を変えるようにしています。また、火災発生を想定した訓練では、発生場所が同じにならないように工夫しています。

Q 防火シャッターはありますか。

A 防火シャッターは、5か所あります。年に1回、専門の業者に頼んで作動するかどうかの点検をしてもらっています。

Q 防火管理者は教頭ですか。

A 教頭が防火管理の講習会を受け、防火管理者になっています。防火警備計画を教育委員会に提出しています。

Q 火災について特に気を付けていることはありますか。

A 学校で火を使う場所は、職員室と理科室、家庭科室などに限られています。こうした場所は特に注意して見回り、ガスの元栓がしっかりと締まっているかは、毎日きちんと確認するようにしています。

押さえておこう

1. 消防法では、消火、通報及び避難の訓練の実施、消防設備及び消火活動上必要な施設の点検および整備等が定められている（8条）。
2. 修学旅行等の宿泊行事の場合でも、地震や火災が発生した場合に備えた行動について訓練しておく必要がある。

Q11 セクハラの防止に どう取り組みますか

ここがポイント！

◎厳しい管理と適切な指導で防止に努める。

Q 児童・生徒に対するセクシュアル・ハラスメント（以下、セクハラ）の防止にどのように取り組んでいますか。

A 児童・生徒に対するセクハラは、教室や部活動内で行われることが多く密室性が高いため、教室訪問や部活動の観察等を行い、セクハラの防止に努めています。

Q 他には、どのような対策をしていますか。

A 年度当初の職員会議で、教職員に児童・生徒に対してセクハラを絶対に行わないように、厳しく注意喚起や啓発を行っています。もし、セクハラの被害に遭った場合、児童・生徒は成長していくにつれてさらに深く傷つき、二次被害も深刻であることをしっかりと自覚させます。

Q 児童・生徒はセクハラ被害を訴えにくいのではないですか。

A 教職員の何らかの言動によって、少しでも自分が不快や不安な気持ちを感じたりした場合には、養護教諭やスクールカウンセラーに申し出るように学年集会等で児童・生徒に指導しています。

Q 教職員へのセクハラについてはどうですか。

A 職員室の中で性的な冗談やからかいの言葉をかけたり、食事やデートなどに執拗に誘ったり、性的な関係を強要したりすることなどがあっては絶対になりません。校長の指導のもと、教頭が職員室の主任として服務規律の徹底にあたっています。

押さえておこう

1. 教職員による児童・生徒やその保護者へのセクハラについて、相談・苦情に適切に対応できる体制を整える必要がある。
2. 学校内の職務上の地位や人間関係の優位性を背景に精神的・身体的な苦痛を与えるパワー・ハラスメントの防止にもあたる必要がある。

薬物乱用防止を どう指導しますか

Q12

ここがポイント！

◎禁止薬物の使用・売買・保持等は、犯罪であることを指導する。

Q 薬物乱用防止教育に、どのように取り組んでいますか。

A 保健指導の時間を活用して、ビデオや写真などを使って禁止されている薬物は何か、それを使用するとどのような症状が出て危険なのかをしっかりと指導しています。

Q 児童・生徒はきちんと理解していますか。

A 禁止薬物は依存性が強く、一度使用すると止められなくなること、そして自分の健康を害すること、禁止薬物の使用・売買はもちろん所持するだけでも犯罪行為であることなどをしっかりと指導していますので、理解していると思います。

Q 学校の指導だけで大丈夫ですか。

A いいえ。児童・生徒が禁止薬物を手に入れる可能性が高いのは学校外であり、保護者の理解と協力が欠かせません。そこで、保護者を対象にした薬物乱用防止講習会をPTA保健委員会の主催で開催して、自分の子どもを見守ることの必要性について講習しています。

Q 他にはどのような指導を行っていますか。

A 禁止薬物ではありませんが、喫煙・飲酒についても、防止の指導を行っています。薬物と同じようにビデオや写真などを使って、身体への悪影響や一度始めると常習的になってしまう危険性について、注意喚起にあたっています。

押さえておこう

1. 青少年が覚せい剤等の禁止薬物を使用したり、売買したりする事件が続発している実態を把握し、児童・生徒を犯罪から守ることが重要であることを認識する。
2. 地元警察署の生活安全部等と連携し、指導・助言をいただくなど、薬物乱用防止教育を推進して、児童・生徒の健全な育成を推進することが必要である。

Q13 臨時休業はどんな場合に可能ですか

ここがポイント!

◎臨時休業は、非常変災の場合と感染症予防の場合が主である。

Q 学校では、どんなときに臨時休業を行いますか。

A 非常変災その他急迫の事情がある場合と、感染症の予防上必要な場合の臨時休業があります。

Q 非常変災その他の急迫の事情とはどういうときですか。

A 台風などが急接近していて通学時の危険性が予想されるといった場合には、学校教育法施行規則 63 条をもとに校長は臨時に授業を取りやめ、その旨を教育委員会に報告します。

Q 感染症の予防上の臨時休業とはどういうことですか。

A 学校保健安全法 20 条で「学校の設置者は、感染症の予防上必要があるときは、臨時に、学校の全部又は一部の休業を行うことができる」と定められた、学校の設置者が行う臨時休業です。

Q 他にはありませんか。

A 校長が、特に必要と認め、教育委員会の承認を受けて行う農繁期等の休業日のような臨時休業もあります（学校教育法施行令 29 条）。

Q 臨時休業をした場合は、振替授業を行いますか。

A 臨時休業をした場合には、授業時数の確保のために振替授業が求められると思います。授業時数は、学校教育法施行規則 51 条に定められ、別表第 1 に年間に行わなければならない時間が示されていますので、これを確保する必要があります。

押さえておこう

1. 感染症予防のための臨時休業は、学級閉鎖ともいわれる。学校全体の場合は学校教育法 13 条に定められた学校の閉鎖（廃校）と紛らわしいため、全学級閉鎖と呼ぶことが多い。

2. 新型インフルエンザ等対策特別措置法では、新型インフルエンザ等のまん延を防ぐために、学校が臨時休業をすることを求めることができるとしている（同法 45 条 2 項）。

「学校の管理下」とは何ですか

ここがポイント！

◎学校の管理下での事故等には、医療費・見舞金等が支払われる。

Q 「学校の管理下」とはどういう場合ですか。

A 学校の管理下とは、①学校が編成した教育課程に基づく授業を受けている場合、②学校の教育計画に基づく課外指導を受けている場合、③休憩時間に学校にある場合、その他校長の指示・承認に基づいて学校にある場合、④通常の経路・方法で通学する場合、⑤寄宿舎にある場合、⑥課外指導が行われる場所と住居の間を往復する場合、⑦寄宿舎と住居との間を往復する場合などを指します。学校における日常生活のほぼすべてです。

Q なぜ「学校の管理下」というのが重要なのですか。

A 学校の管理下で起きた事故やけがは、日本スポーツ振興センターの災害共済給付の対象になるからです。管理下外では、治療などに必要な給付金はもらうことはできません。

Q 災害共済給付とはどういうことですか。

A 学校の設置者が、保護者の同意を得て、児童・生徒等について、日本スポーツ振興センターとの間に災害共済給付契約を結ぶことです。学校の管理下で負傷、疾病、障害、死亡のような災害が起きたときに、医療費、障害見舞金、死亡見舞金の給付が行われることです。

押さえておこう

1．部活動を顧問教諭が指導している場合や学校が作成した教育指導計画に基づいて行われている場合などは、学校の管理下である。
2．学校の管理下の要件は、独立行政法人日本スポーツ振興センター法施行令5条2項、独立行政法人日本スポーツ振興センターに関する省令26条に定められている。
3．共済掛金は、義務教育諸学校では4〜6割を保護者が負担し、残りを学校の設置者が負担していることが多い。

第9章 保健・安全等に関する質問15

205

Q15 著作権にどう配慮しますか

ここがポイント！

◎著作物を補助教材として使用するときは、著作権に配慮する。

Q あなたの学校では、授業で補助教材を使っていますか。

A 必要に応じて使っています。使用に際しては、著作権法で認められた範囲内で使用するように、年度当初の職員会議で徹底しています。

Q 市販の問題集等をコピーして使ってはいませんか。

A 市販の問題集には著作権があります。著作権法35条では、「学校その他の教育機関において教育を担任する者及び授業を受ける者は、その授業の過程における使用に供することを目的とする場合には、その必要と認められる限度において、公表された著作物を複製することができる」と定められています。そこで、教職員に対しては、手に入れたものを安易に授業で使わないように指導しています。また、コピーも慎重に判断し、できるだけさせないようにしています。

Q 他に気を付けていることはありますか。

A パソコンのソフトにも著作権がありますから、気を付けるようにしています。また写真にも著作権がありますので、学校だよりや学級通信などにも無断で載せないようにしています。

Q 子どもたちへの指導はどうしていますか。

A 子どもたちへの情報活用能力の育成を進める中で、情報モラルの育成についてもしっかりと指導しています。

押さえておこう

1. 授業に関連しない参考資料の使用、教科研究会における使用、学校ホームページへの掲載などは、授業の過程における使用とはみなされない（学校その他の教育機関における著作物の複製に関する著作権法第35条ガイドライン）。
2. 著作権の侵害については、著作者は、侵害の停止または予防を請求し、損害の賠償を請求し、あるいは名誉回復の措置が請求できる（同法112条、115条）。

受験者の身上等に
関する質問10

なぜ校長になろうと考えたのですか

◎校長をめざした理由を率直に、自分の言葉で話す。

Q なぜ校長になろうと考えたのですか。

A たくさんの子どもたちと触れ合いたいと思ったからです。学級担任の場合は1年間に多くても40人ですが、校長になると、全校の子どもたちと交流することができるので、校長になりたいと思いました。

Q 校長になると、授業はできなくなりますが、よいのですか。

A はい。その代わり教室訪問をして、全校の子どもたちの授業中の様子を見たり、声をかけて支援したりすることができます。授業をするのと同じくらいすばらしいことだと考えています。

Q 教員になったときから、校長になりたいと思っていたのですか。

A 教員になったのは、子どもたちに勉強を教えるのが夢だったからです。教員として、子どもたちの成長を支援したいと思ったのです。その後、運動会の練習などで朝礼台に立って学年全体の子どもたちの指導をしたときなどに、たくさんの子どもたちの指導をすることもとてもすばらしいと思いました。

Q 校長になる資質を持っていると思っていましたか。

A 私が仕えてきた校長は、とてもすばらしい校長先生方でしたので、しっかりと努力をしないとなれないと思っていました。そこで、校務分掌をしっかりと行ったり読書をしたりしながら、資質や能力を高め、人間性の向上を図ろうと努力してきました。

押さえておこう

1. 教員をしている間に「校長になりたい」という気持ちが起きたことを素直な感情で述べることが必要である。
2. 面接官が、「偉くなりたいから校長になったのでしょう」といった圧迫質問をしてくる場合があるが、感情的にならないようにする。

なぜ教頭になろうと考えたのですか

Q2

◎教頭をめざす動機をその役割をふまえて具体的に伝える。

Q なぜ教頭になろうと考えたのですか。

A 以前に私が仕えた教頭は、雪が降った日には教職員を指揮し、校門から昇降口までの雪かきを率先して行っており、その姿に感動したことがきっかけです。子どもや先生方を大事にする姿勢を見て、その教頭のようになりたいと思いました。

Q 教員になったのは、教頭になるためでしたか。

A 教員になったのは、子どもたちと一緒に勉強をしたかったからです。その後、学校全体の子どもたちの学習指導や生徒指導に関わりたいと思うようになり、教頭をめざしました。

Q 教頭として、教職員や子どもたちから信頼されるためにはどうすればよいと思いますか。

A まず、校長の考えを教職員にしっかり理解させることが大切だと思います。そして、職員室の担任として、教職員が子どもの成長や学習指導、生徒指導等の内容を話し合えるような職員室をつくりたいと思います。

Q 校長をどのように補佐していきますか。

A 学校は校長を中心にした組織体ですから、校長の学校経営方針を教職員に浸透させ、日々の教育活動で実現させていくことが重要です。校長と教職員を結ぶ学校組織の要として、校長と適切に情報交換を行い、考えを共有した上で、校長の指示を的確に教職員に伝えていきます。

押さえておこう

1. 教頭になるのは、校長と子どもたち、教職員の架け橋になるためという気持ちを忘れないようにする。
2. 教頭として、校長の学校経営方針を実現するという姿勢をしっかり保つようにする。

第10章　受験者の身上等に関する質問10

Q3 あなたの長所・短所は何ですか

ここがポイント!

◎長所・短所は、管理職の仕事との関連から整理しておく。

Q あなたの長所は何ですか。

A 「何事にも最後まで真剣に取り組む」というところが長所だと思っています。学級担任のときも、何事も真剣に向き合い、粘り強く取り組むようにしていました。

Q それでは、問題を解決するときに時間がかかってしまうのではないですか。

A 時間がかかるときもありますが、問題の原因や解決策を真剣に考えて対処するようにしていますので、やり直さなければならないようなことは少ないです。いい加減な気持ちで取り組むと失敗して、従来の倍以上の時間がかかってしまいますので、それよりはよいと思っています。

Q あなたの短所は何ですか。

A 慌てやすく、少し落ち着きがないところが短所だと思います。

Q 管理職になって、それで大丈夫ですか。

A 自分が慌てやすいことを自覚していますので、落ち着いて相手の話を最後までよく聞いたり、きちんと言葉を選んで話したりするように心がけています。自分の短所を常に意識することで、教職員への指示や保護者への対応も含め、適切に物事を進めることができると考えています。

押さえておこう

1. 自分の性格をよく見つめ直して、長所や強みをどのように管理職の仕事に生かしていくのかを確認する。
2. 「短所はありません」と答えるのではなく、短所を正直に述べ、それを日々の行動でどのように克服しているのかを説明できるようにする。

Q4 あなたの教育信条は何ですか

ここがポイント！

◎借り物ではない、自分の言葉で教育信条を用意しておく。

Q あなたの教育信条を述べてください。

A 「敬意・誠意・熱意」の3つの「意」を持って、教育にあたるということです。

Q もう少し具体的に述べてください。

A 「敬意を持って人や物事に接し、誠意を持って的確に行動し、課題の解決まで熱意を持って力を尽くして、教育にあたる」ということです。

Q 研修意欲のない教職員がいる場合には、どのように対応しますか。

A どんな教職員にも、必ずよい点があると思います。それを見つけて、熱意を持って誉めることで育てていきたいと思います。

Q 保護者の中には、自分の考えを一方的かつ感情的に主張するような方がいる場合もあると思いますが、どのように対応しますか。

A どんな方であっても、相手への敬意を忘れずに、誠意を示せば、必ずわかっていただけると思いますので、粘り強くお話しします。

Q 管理職として、子どもにはどのように接しますか。

A 管理職は、学校全体の子どもの担任だと思って、どの子にも平等に熱意を持って接します。また、小学校の場合、下は6歳の1年生から上は12歳の6年生まで年齢の幅が広く理解力にも差がありますので、個々の子どもに応じてきちんと伝わる言葉を選んで話します。

押さえておこう

1. 日頃の教育実践や読書などから得られた気づきをまとめておく。
2. 「生きる力を持った子どもたちを育てる」などの目標的な言葉でもよいが、それを具体的にどのように実践して達成していくのかを説明できるようにしておくとよい。

これまでの校長で尊敬できる人はいますか

Q5

ここがポイント!

◎最も記憶に残る校長の姿を具体的な言葉で話せるようにする。

Q あなたがこれまで仕えた中で、尊敬できる校長はいますか。

A はい。子どものことを第一に考える校長で、「こんな校長になれたらいいな」といつも思っていた人がいます。

Q 具体的なエピソードを教えてください。

A 朝は必ず校門に立って「おはよう」と、子どもたち一人ひとりに声をかけていました。雨の日も雪の日も校門にいました。全校の子どもたちの写真を撮って校長室に貼り、子どもたちの名前を覚えていて、個人名で声かけをしていました。

Q その校長は、他にはどんなことをしていましたか。

A 朝会では、パワーポイントを使って講話をして、子どもたちが内容をよく理解できるように工夫していました。また、教室訪問を毎月行って、子どもたちの学習している様子を誉めたり、清掃中や休み時間も学校全体を回って子どもたちを励ましたりして、常に子どもたちのことを第一に考えて行動していました。

Q それでは子どもたちも、その校長が大好きだったでしょう。

A 卒業していく6年生とは校長室で「お別れ給食」といって一緒に食事をしたり、卒業式には卒業証書の他に学校の写真と記念になる言葉を書いた色紙を6年生に手渡したりしていましたので、子どもたちからもとても慕われていた校長でした。

押さえておこう

1. 尊敬できる校長を考えるときは、「子どもたちのことを第一に考えていた校長」といった具体的な姿を思い浮かべてみるとよい。
2. 「きらいな校長はいましたか」という質問には、「いろいろな校長に仕えましたが、きらいな人はいません」と回答するのが無難である。

Q6 どんな校長になりたいですか

Q あなたは、どんな校長になりたいと考えていますか。

A しっかりとした学校経営方針を立てて、子どもたちが大きく伸びるような教育活動を実践する校長になりたいです。

Q 子どもたちが大きく伸びるためにはどうしたらよいですか。

A 学校教育目標の実現に向けて教育課程を編成し、教職員が日々の授業を着実に実践することができれば、子どもたちは大きく変容していくと思います。また、子どもたちの間でいじめといった卑劣な行為が起きないように、受容と共感の気持ちで学級経営にあたらせ、教科指導だけでなく道徳教育や生徒指導、特別教育活動など、学校で行うすべての教育活動の充実を図ることも必要です。

Q 教職員にもいろいろな人がいると思いますが、大丈夫ですか。

A 校長として教職員のめざす方向をしっかりと指し示すことが必要だと思います。その上で、校長と教職員が気持ちを1つにして着実な教育活動を実践すれば、必ず子どもたちが伸びていくと思います。

Q 気持ちを1つにするためには、どうしますか。

A 校長として学校経営方針に基づく適切な指導方針を毎月示し、教室訪問などを通じて子どもたちや教職員の実態を把握するとともに、人事評価制度も十分に活用して適切な評価と励ましを行っていけば、気持ちが1つになると思います。

押さえておこう

1.「こんな校長になりたい」という校長としての具体的な姿を、自分の言葉で言えるようにしておく必要がある。

2.「こんな校長がいたらいいな」というような理想の校長像を自分の中で描いておくと、説得力のある回答になる。

どんな教頭になりたいですか

Q7

Q あなたは、どんな教頭になりたいと考えていますか。

A 校長の学校経営を補佐し、校長と教職員を結ぶ組織の要の役に徹して、職員室の担任、また、全体の調整役として、校務の遂行や整理をしっかりと行うことができる教頭です。

Q 教職員とは、どのように接しますか。

A 教職員の長所を伸ばすように優しく接するとともに、日常の職務については厳しさを持ってあたりたいと思います。特に授業観察をしっかりと行い、学力が向上する授業を実践できるようにします。

Q 「優しく」と言いましたが、それでは甘やかすことになりませんか。

A 教職員には、優しく、温かくという基本姿勢で接しますが、職務については毅然とした態度で臨みます。出勤簿の押印をはじめ、授業時間を守る、適正な言葉遣いをするなど教育公務員としての勤務態度についても、厳正な態度で臨むことが大切だと思います。

Q 「職員室の担任」と言いましたが、どんな職員室にしたいですか。

A 職員室を、①教職員がお互いを高め合う場、②子どもたちの成長を語り合う場、③子どもたちの未来を考える場にしたいと思います。職員室の担任として、教職員と胸襟を開いて話し合い、悩みごとの相談にも対応しながら彼らを励まし、教職員が成長できるように努めたいです。

押さえておこう

1. 「どのような教頭になりたいか」という質問は不易な問題であり、自分の理想とする教頭像を整理しておく。
2. 確固たる信念を持ち、「校長の補佐」に徹するという意志を示すような回答を心がける。

Q8 どんな学校にしたいですか

ここがポイント!

◎管理職の役割をふまえた上で、めざす学校像を示す。

Q あなたはどのような学校をつくりたいですか。

A 「みどりの学校」をつくりたいです。実りある教育課程、努力する教職員、理解・協力する保護者・地域、伸びる子どもたち、これらの頭の四文字をとって、「みどりの学校」です。

Q どうすれば、そのような学校がつくれると思いますか。

A 努力する教職員によって、どの子にもよくわかる授業を行うことが大切だと思います。そうすれば、子どもたちが学習する楽しさを持ち、学力も向上し伸びることができて、学校に来ることが楽しくなるからです。

Q わかる授業を実現するためには、どうしたらよいですか。

A わかる授業を行うためには、教職員の指導力を向上させることが必要です。そのために、授業研究を中心にした校内研修に取り組み、教職員一人ひとりの指導力の向上を図ります。また日常の授業観察を着実に行って、指導力の向上に努めるようにすれば、子どもたちにとってわかる授業を行うことができるようになります。

Q 教頭はとても多忙ですが、そんな中で授業観察ができますか。

A わかる授業が行われているかどうかを把握するには、日常の授業観察をしっかりと行うことが欠かせないため、時間を確保するようにします。また、教職員の人事評価にも授業観察を有効に活用します。

押さえておこう

1. 自分の理想とする学校像については、子どもを中心に考えた回答を用意しておくことが望ましい。
2. 質問が1問で終わるわけはないので、関連した枝問を予想して、その回答についても準備しておくとよい。

Q9 校長に必要な資質・能力は何ですか

ここがポイント！

◎意欲や熱意が伝わるように、自信を持って答える。

Q 校長に最も必要な資質・能力は何だと思いますか。

A 学校教育を振興させようとする使命感、教職員を導いていける指導力、児童・生徒や教職員を包み込むような包容力を持った人間性です。

Q 使命感について、もう少し詳しく説明してください。

A 教育に対する理念や識見を持ち、しっかりとした判断力を持っていることが重要です。つまり、リーダーシップを備えた使命感が必要です。

Q 指導力はどのように発揮していきますか。

A 児童・生徒の成長には、教職員の指導力向上が欠かせません。指導力向上のために、授業研究や校内研修などを着実に実践して、校長として理解力や説得力、表現力を発揮したいと思います。また、人事評価での業績評価のために、学級経営や校務分掌への取組み状況を把握して、すべての教職員を指導していきたいです。

Q 人間性について、具体的に説明してください。

A 「後ろ姿で教育する」という言葉がありますが、校長はその学校の先達でもあるため、信頼感と魅力ある人間性が必要です。

Q さらに身に付けたいのは、どんな力ですか。

A 学校や地域の実態・課題をふまえて経営目標を設定し、これを達成するために校務を管理するマネジメント力です。また、事件・事故等に適切に対応できる危機管理能力も身に付けたいです。

押さえておこう

1. 「資質・能力」については、質の高い教師を育成していく人材育成力と、教育者としての高い識見が必要である。
2. 東京都教育委員会が平成25年5月に発表した「学校管理職育成指針」を確認しておくとよい。

Q10 教頭に必要な資質・能力は何ですか

ここがポイント！

◎教頭の職務の具体的な場面を想定して、回答する。

Q 教頭に最も必要な資質・能力は何だと思いますか。

A 組織運営力と説得力、それに責任感だと思います。

Q 組織運営力とは、どういうことですか。

A 学校は校長を中心にした組織体なので、学校教育目標の達成には、教職員を最大限活用して職務を効率的に行う組織運営力が必要です。学校経営方針の実現に向けて、組織的な運営や進行管理を行うことができるカリキュラム・マネジメントの力が教頭には欠かせません。

Q 説得力はどうして必要なのですか。

A 教頭の職務は、校長・副校長を補佐し、校務の整理（調整）をすることです。整理とは、校長が最終決定ができるように、中間において調整することを意味します。教職員間の意見の食い違いや対立を是正したり、調和を図ったりして、多様な角度から調整するためには、説得力が必要です。

Q 責任感はなぜ必要なのですか。

A 学校や地域の実態をふまえて立てられた学校教育目標・学校経営方針を具現化するために、その目標達成に向けて、校長の補佐に徹し、保護者・地域から信頼される学校にしていくというのが教頭の職務です。そのために教職員を督励して、どんなことがあってもこの学校教育目標を達成するという、強い責任感が求められます。

押さえておこう

1. 効果的な人事考課で人材育成を推進し、適切な指導・助言で教職員の育成を図るという人材育成力も教頭には必要である。
2. 教頭の本来的な職務ではないが、「必要に応じ児童の教育をつかさどる」（学校教育法37条7項）とあるように、授業を担当する場合もあり、授業指導力も求められる。

第11章

集団面接・集団討論の攻略法

1

<集団面接>
多数の回答を準備しておく

◆集団面接とは

　集団面接は一般的に、3～5名程度の受験者を、2～4名の面接官が評価します。回答する順番は、1問目は受験者Aから、2問目は受験者Bから、3問目は受験者Cからと、順次入れ替わります。

　受験者が複数いるため、面接官は受験者を比較しながら評価することができます。1つの質問に対する受験者の回答内容、回答の仕方、他の受験者の回答を聞いているときの態度などが総合的に評価されます。

◆数多くの回答を考えておく

　集団面接では、どんな質問に対しても、回答を1つだけ考えていたのでは、対応することはできません。例えば、「教職員の授業力を向上させるにはどうしたらよいですか」と質問されたときに、「研究授業を行う」と答えようとしていても、他の受験者が先に答えてしまうということは、よく起こります。既出の回答を繰り返すわけにはいかないため、複数の考えを用意しておく必要があります。具体例を見てみましょう。

面接官 **教職員の授業力を向上させるには、どうしたらよいですか。1番目の人から順に、1つずつ答えてください。**

受験者 A 研究授業に取り組ませて、適切な授業指導の研究を深め、授業力向上を図ります。

受験者 B 研修主任に命じて、授業力を高める課題を中心にした校内研修を進め、全教職員の授業力向上を図ります。

受験者 C 各学年、教職員同士で授業参観をさせ、管理職も加えた学年での研究会を実施して授業力向上を図ります。

> **受験者 D** 週案を提出させて、各授業での展開の仕方などについて指導し、向上させていきます。
>
> **受験者 E** 全学級の教室訪問を毎月1回行い、指導助言をしたいと思います。
>
> **受験者 F** 授業力に定評のある先進校を視察させ、そこで得た成果を校内で発表させ、全教職員の授業力向上に役立てます。

　このように、6つもの答えを考えるのは、決して容易ではありません。しかし、「私の考えは受験者のAさんと同じで○○です」「皆さんに答えられてしまって、答えられることはもうありません」などと答えては、印象は悪く、評価は低くならざるを得ません。

　集団面接の問題は学校に関することであり、自分の今までの経験の中には、近いことが必ずあるはずです。そのキャリアの中から、何としても自分なりの他の受験者とは違う回答を見つけ出すことが大切です。

　集団面接の準備は、面接試験の問題集や参考書などの中から選び、着実に進めておきましょう。1問に対して、少なくても4つか5つぐらいの回答を準備する必要があります。サブノートの左側に面接問題を書き、右側にまず回答を1つ書く。このサブノートを読みながら、別の回答を思い付いたらその都度加えていく。こうして、回答のストックを増やしていくようにします。

◆できるだけ1番目に回答する

　問題によっては、「わかった人から答えてください」と指示される場合もあります。できるだけ1番目に答えるようにします。遅くなればなるほど、回答する内容は限られてしまいます。

　例えば、「学校におけるICT活用は、どのようにしたらよいですか。わかった人から答えなさい」と問われたとします。

　ICT活用の場合は、①児童・生徒の情報活用能力の育成、②教科指導の中での活用、③校務の効率化、の3つが回答の視点です。この3点を先に答えられてしまうと、他に回答の視点を見つけるのは困難です。他の視点としては、「個人情報の管理」「情報モラルの育成」などが挙げられますが、やはりできるだけ早目に挙手して回答することが、自分も困ることなく、面接官の印象をよくするはずです。

2 〈集団面接〉 多面的な視点で 考察する

◆他人の影響を受けやすい集団面接

　集団面接では、他の受験者、特に直前に回答した受験者の回答に影響を受けてしまうことがあります。例えば、次のような例です。

> 面接官 **保護者や地域の方々が、教室を自由に参観する学校公開日があります。教職員にどのような指示をしますか。**
>
> 受験者 A 問題内容を図で表したり、電子黒板を使ったり、わかりやすい授業をするように指示します。
>
> 受験者 B ３日間の全授業について、略案でよいのでしっかりとした指導案を立てて授業を展開するように指示します。
>
> 受験者 C 授業中の子どもたちの発表の仕方、話し合いの仕方など、子どもたちの活動状況について再度見直しをさせます。
>
> 受験者 D 一斉指導だけでなく、グループ活動や集団活動など、授業中の子どもの学習方法の多様化に配慮するよう指示します。
>
> 受験者 E 給食の配膳の役割なども含めて、もう一度、全教育活動を生徒指導面から見直させるようにします。
>
> 受験者 F 保護者や地域の方たちが来校するので、しっかりと清掃させ、教室内をきれいに片付けるように指示します。

　この例では、受験者Aが授業について回答したために、受験者B〜Dの３人も影響を受けて、授業に関する回答になっています。もちろん、この３人の回答は、間違っているわけではありませんが、集団面接ではこのように先に回答した受験者の影響を受けやすいのです。

　また、受験者Dは、受験者Cの考えを言葉だけ変えて述べたに過ぎず、同じ回答と見られる危険性があります。同じ回答だと面接官に思われてし

まうと、評価が低くなってしまいます。

◆柔軟な思考で対応策を考える

　同じような回答が続く中で、面接の流れを変えるような受験者Eの回答は、「授業に限定しない」という趣旨であり、光るものがあります。その流れから、受験者Fの異なる視点での回答が出てきています。このように集団面接では、多面的に物事を見ていく視点が重要です。

　教職員を長くやっていると、教室内のことや授業などの自分が経験したことで頭が固まっている場合があります。そのため、管理職の視点ではなく、学級担任の視点で回答してしまう人が少なくありません。

　しかし、管理職には、できるだけ頭を柔らかくして、多面的にさまざまな視点から物事を考えることが求められます。

　面接官は、「この受験者は、管理職としてさまざまな視点から物事を見ることができるのだろうか」と考えながら、回答を注視しています。そのため、他の受験者の回答を聞きながら、自分の回答をできるだけ異なる視点で考えることが大切です。例えば、「前の受験者が授業について回答したら、自分は生徒指導面での対応を考える」といった臨機応変さが求められます。

　教頭として着任し、学校で何かが起きたときは、さまざまな視点から、ポジティブな対策を立てる必要があります。

　「教職員にどう指示するか」「保護者やPTAにはどう伝えるか」「地域社会にはどう対応するか」「校長にはどう報告するか」など、矢継ぎ早に手を打つことになります。また、教職員に対しても、担任、主幹教諭や教務主任、生徒指導主事、事務職員など職層に応じた指示が欠かせません。

　事件や事故の場合は、さらに多くの対策が必要で、これらの他にも「教育委員会にはどうするか」「マスコミにはどうするか」など、数多くの対応に迫られます。逡巡して対応が遅れると、事態は悪化していくばかりです。

　もちろん、いつもベストの判断・決定ができるとは限りません。しかし、少なくともベターな選択ができるように、多面的かつ柔軟な視点を持つことが大切です。そして、ベターの選択の積み重ねが、必ずベストの決定につながります。

3 〈集団面接〉 包容力と度量の大きさを示す

◆不動の心で臨む

　集団面接では、回答の途中で、面接官が特定の受験者に対して、突っ込んだ質問をしてくることもあります。例えば、次のような例です。

> **面接官** いじめにより児童・生徒が自殺してしまうような事件が起きています。いじめの防止にどのように取り組みますか。
>
> **受験者 A** 児童・生徒への理解を深めるために、教職員の意識を高め、指導体制の充実を図ります。
>
> **受験者 B** 生徒指導委員会で、いじめ対応マニュアルを作り、校内研修で解決策を学び合い指導力の向上を図ります。
>
> **受験者 C** 自らを律し、他者を思いやる心を育てるために、「特別の教科　道徳」の指導を充実して対応していきます。
>
> **面接官** Cさん、最近のいじめは携帯電話やインターネットを通じて行われ、陰湿化しています。週に1回の「特別の教科　道徳」の指導だけで大丈夫ですか。

　このような場合、最も大切なのは、面接官の質問に対して揺るがない不動の心です。「他の人の回答には突っ込まずに、なぜ自分の回答だけに質問するのだろう」などと不満げな顔をしたり、興奮したりしてはいけません。十分に心を落ち着かせて、次のように回答します。

> **受験者 C** 「特別の教科　道徳」の時間を要として全教育活動で規範意識の向上を図ることができれば、いじめの根絶につながっていくと考えています。

道徳教育の充実は地道な実践ですが、決して間違ってはいません。これはこれで重要な対策の１つですから、自信を持って答えればよいのです。

　管理職になると、教職員から管理職の考えについて、質問される場合がよくあります。そのときに、いちいち不満げな空気を醸したり、興奮して対応したりしては、教職員が何も尋ねてこなくなります。学校経営も思うように行うことができず、学校での教育活動は進みません。質問されたときは、丁寧に対応する必要があります。他者の考えを絶対に受け入れないという頑迷な態度は問題ですが、管理職には「不動の心」が求められます。

◆ソフトな言い回しを心がける

　集団面接では、自分の回答に、他の受験者から否定的な発言が寄せられる場合もあります。

> **受験者 D** ロールプレイング指導などを児童・生徒に実施し、いじめる側やいじめられる側の台詞を言うことにより、いじめが人の心を深く傷つける行為であることを体験させることだと思います。
>
> **受験者 E** 受験者Ｄさんのような取組みは、よほど丁寧に行わないと児童・生徒にトラウマを残します。私は、教育相談体制の充実に力を入れることが、いじめの防止には有効だと思います。

　このような場合、受験者Ｄは否定されたと感じるかもしれません。しかし、決して憤慨してはいけません。

　逆に、受験者Ｅの立場ではどうでしょうか。

　学校現場でも、教職員の説明が学校経営方針とそぐわない場合があります。そのときに「○○先生の考えは絶対に間違っています。私の考えは△△です」などと会議で発言したら、その教職員に恥をかかせるばかりでなく、深く傷つけるはずです。また、集団面接は、他の受験者の意見を判断する場ではありません。

　「受験者Ｄさんの考えもよいと思いますが、それに加えて私は教育相談体制の充実などに力を入れることが、いじめの防止には有効だと思います」

　このように相手の意見に共感して回答することが、管理職としての包容力と度量の大きさを示すことになるのです。

4 〈集団面接〉 既出の回答に 新たな視点を加える

◆慌てずにじっくりと考える

　すでに述べたとおり、集団面接では、「わかった人から答えなさい」と指示された場合は、できるだけ早く答えるのが賢明です。しかし、慌ててしまい、考えがまとまらないうちに答えるのはよくありません。

> **面接官** 読書活動の充実を図るためには、どうしたらよいと思いますか。わかった人から答えてください。
>
> **受験者 A** 清掃をしっかりと行って明るい図書室づくりに努め、図書室に子どもたちが読みたい本がきちんと整理されていればよいと思います。整頓された図書室づくりに励むことが最も大切です。

　この受験者Aの回答はどうでしょうか。確かに子どもたちにとって魅力的な図書室になれば望ましいのですが、問題は「図書室づくり」ではなく「読書活動の充実」です。問題に正対していないと面接官に思われる可能性もあり、よく考えて、もう一歩踏み込んでアプローチするべきでしょう。
　例えば、次のような具合です。

> **受験者 B** 司書教諭・図書主任を指導して、児童に人気のある本の紹介コーナーを作らせ、子どもたちが足を運びたくなるような居心地のよい場所になるように図書室の環境整備に力を入れれば、読書活動の充実が図れると思います。

　受験者Bの回答のように、管理職として誰に取り組ませるのかを述べ、具体的な活動にまで触れるようにすれば、面接官の評価も高まります。いずれにしても、あせらず自分の考えをしっかりとまとめてから答えること

が大切です。

◆他の受験者の回答を発展させる

　自分の考えを他の受験者が先に発言することも、集団面接ではよくあります。

> **受験者C** 日課表を見直し、毎日、朝読書として10分間を設定し、子どもたちに「読書は楽しい」という気持ちを醸成させれば、読書活動の充実が図れると思います。

　このとき、受験者Dも同じ朝読書について答えようとしていたとします。
　本来は先に答えるように努めるべきですが、こうした事態になった場合は、相手の意見に共感したり賛成したりすることで、評価を高めることができます。

> **受験者D** Cさんと同じで、私も朝の10分間読書を毎日実践させ、落ち着いて毎日の授業に入れるようにするのがよいと思います。また、授業に関連した図書を各学級に学級文庫として置くなど、授業の中でも読書習慣を育成するようにすればよいと思います。

　受験者Dにとって、用意していた回答を先に言われた瞬間はピンチです。
しかし、受験者Cの考えに賛意を表し、別のことを付け加えて考えを発展させることができれば、面接官からすると好感が持てるはずです。ただし、「必ず自分の意見を付け加え、発展させる」というのがポイントです。

> **受験者E** 保護者の図書ボランティアを募集し、読み聞かせや図書室の整理等も行うことができれば、さらに効果が高まると思います。保護者にも読書の重要性が伝われば、保護者・家庭との連携が図れるからです。

　4人の話を聞いて、最後に受験者Eは、「保護者・家庭との連携」という別の視点を持ち出すことができました。

〈集団面接〉
計画的・継続的にできる実践を

◆奇をてらう回答は必要ない

集団面接では、複数いる他の受験者と差を付け、目立とうとする人がいます。その結果、回答が思わぬ方向に流れていく場合があります。

面接官 学習指導要領の改訂で、小学校で英語の教科化がなされましたが、あなたはこの英語の教科化をどのように進めていきますか。

受験者 A 高学年では年間 70 時間なので、学級担任と学校に派遣されている ALT がよく相談をして、年間指導計画をしっかり作って英語学習に取り組みます。

受験者 B 担任で英語が不得意な教職員もいるので、保護者の中で大学の英文科などを卒業した英語が堪能な人に協力を求め、効果的な英語学習を実践します。

受験者 C 学区内に住んでいる外国人を探し、英語ボランティアの協力を依頼し、子どもたちがネイティブな発音ができるようにすれば、魅力的な学習になると思います。

受験者 D 駅前にある英語の塾の外国人講師などにも協力を依頼し、英語の学習を活性化させ、子どもたちが意欲的に取り組むようにしていきたいです。

教科としての英語は、受験者Aの回答のように学級担任が ALT と相談して、年間指導計画を立案して取り組む内容になるはずです。授業では ALT が参加することになっていますが、英語専科の教員の配置がなされたとしても、教員自身が専門性を高め、英語力の向上を図っていくことが必要です。

しかし、この集団面接では、受験者Bが保護者の中からボランティアを

募集するという回答を述べたために、その影響を受け、受験者CやDの回答は思わぬ方向にミスリードされてしまっています。確かに、保護者の協力ならば、実現は可能かもしれません。しかし、ボランティアであり、金銭的なお礼などはむずかしいはずで、いつまで続くかわかりません。それ以上に、学区内に住んでいる外国人や、駅前の塾講師にアプローチをするとなると、実現はかなり難しいはずです。「前の受験者とは違った回答をして目立たなければ」とか、「何としても独自性を出したい」と思うと、このようになってしまうことがあります。

　このように奇をてらった回答をする人がいたとしても、それに惑わされてはいけません。「管理職としての王道」を行く回答をすべきです。

> **受験者E** 定型表現を用いて簡単な挨拶ができるようにしたり、短い簡単な指示に応答できたりするようにするために、担任とALTとが協力して、子どもの興味が湧くような教材を利用して計画的に進めます。

　このように、担任が英語の専門性を高め、しっかりとした年間計画を立てて進めることで、地に足が着いた英語教育が推進されます。また、情報化が進む中、パソコンや電子黒板などを使うのもよい取組みです。

> **受験者F** 進学先の中学校の英語教師や外国人講師などに月に1回くらい協力をしてもらい、事前の打ち合わせなどもしっかり行って、子どもたちにとって充実した英語学習にしていきたいと思います。

　学校教育は、今日行えばすぐに明日効果が出るというものではありません。1年間ぐらい地道な実践を繰り返して、やっと「少し子どもたちが変容したのかな」と思えるようなことがある程度です。

　したがって、集団面接の回答では、学校で計画的かつ継続的に実践できる内容でないと、面接官を納得させることはできません。その場で思い付いたような薄っぺらな回答では、面接官の支持が得られず、管理職には不向きと思われかねないので、注意しましょう。

6 〈集団討論〉 討論では何が評価されるのか

◆集団討論とは

　集団討論は、5～6名の受験者を、2～3名の面接官が評価する形で行われます。①面接官のうちの一人が司会者となり、受験者に集団討論させる方法と、②受験者だけで集団討論を行う方法の二通りがあります。

　受験者だけで集団討論を行う方法は、受験者だけで自由に討論する場合と、受験者の中から司会者を一人決めて討論する場合があります。

　集団討論では、発言せず、討論に加われないと評価はされません。しかし一概に、たくさん発言すればよいともいえません。なぜなら、面接官は発言の「量」よりも、発言の「質」を重視します。また、発言の「仕方」も見ています。複数の面接官が、討論開始から終了までをしっかりと観察しているため、気を抜くことはできません。

◆集団討論で見られるポイント

◎外部折衝力

　東京都教育委員会が平成25年5月に示した「学校管理職育成指針」には、「外部と円滑に連携、折衝できる人物」という外部折衝力が管理職に求められる能力であると記されています。受験者がこの外部折衝力を持っているのかどうかを的確に判断できるのが、集団討論です。

　集団討論を展開していく中で、相手の意見を「的確に把握し対処」して、自己の意見を述べるわけですから、まさに外部折衝力そのものです。校長、副校長、教頭等の管理職に求められるのはこの外部折衝力であり、集団討論の中での積極的で活発な発言こそ、面接官を首肯させるに違いありません。

◎発言力

　校長や副校長・教頭等の管理職になると、職員会議やPTAの理事会などの会議での発言力は、きわめて重要です。

　平成20年の学習指導要領の小・中学校の改善事項の第一には、「言語活動の充実」が挙げられていましたが、管理職にとっての必要事項の第一もまた「言語活動」、すなわち「発言力」といえます。なぜなら、教職員や保護者、地域住民を説得するのも、行政を動かすのも管理職の発言力だからです。

　30分以上の時間をかけて受験者数人で討論させる中で、「論理的に矛盾はないか」「問題を体系的に捉えているか」などの発言力を容易に評価できるのが、集団討論です。

◎受容力や包容力

　集団討論は、「他の人の意見に対して協調性があるか」「受容力や包容力を持っているか」などについても、じっくりと評価できます。また、前の受験者の発言を踏まえつつ、それを集約させて発展的な考えを述べることができるかどうかを見ることもできます。前の意見を肯定しつつ、違った切り口で論を展開できれば、面接官の印象はよくなります。討論をしながら、違った切り口を見つけるのは容易ではありませんが、他の受験者の考えを肯定的に捉えることができれば、必ず見つかるはずです。

◎指導力

　集団討論では、さまざまな意見が出されます。その中で、自分の意見だけを述べるのではなく、多様な意見をまとめていくような発言をすると評価は高くなります。

　なぜなら、管理職になると、いろいろな考えを持った教職員の意見を集約しなければならない場面が多くなります。そのときに、臨機応変に軌道修正をしたり、まとめたりしていく指導力が必要だからです。

　したがって、討論中に発言が四方八方に広がってしまった場合に、まとめていくような発言をすると、面接官の評価は高まります。集団討論に参加している受験者の考えをしっかり把握し、整理していくような指導力を示すように心がけましょう。

7 〈集団討論〉 発言の質の高め方

◆発言は「量」よりも「質」を見られている

　集団討論では、単に多く発言するのではなく、集団討論の全体を見渡し、受験者全員が発言したら、自分がそれらをまとめつつ論を展開していく、というような姿勢が評価されます。例えば、次のような発言です。

> 受験者　○○さんがおっしゃったように、教育課程の管理や、児童、教職員、施設・設備の管理に努めていけば、信頼される学校になると思います。それに加えて私は、学校をできるだけ公開していくべきだと思います。例えば「学校公開週間」を１週間程度設けて、保護者や地域に授業を公開すれば、開かれた学校として信頼が得られるはずです。

◆はっきりとした口調で発言する

　集団討論に限ったことではありませんが、ぼそぼそとした口調ではなく、はっきりとした口調で発言することは大切です。複数人で話し合っているときに最も困るのは、相手が何を言っているのかがわからないことです。

　また、実際に学校で管理職が何を言っているのかわからなくては、教職員は戸惑うばかりです。したがって、面接官は最初に、はっきりとした口調で話すかどうかを見極めるはずです。日頃からはっきりと話すように習慣づけ、特に語尾は、常に気を付けるようにしましょう。

◆相手が話している最中に、話を奪わない

　相手が発言し終わっていないうちに話し始めてしまうのも NG です。例

えば、「特色ある学校づくりについて、集団討論をしてください」というような課題が示されたとします。ある受験者が「情報教育に力を入れた学校づくりをしたいと思います。それは……」と語り出したときに、「いいですね。 現在、私の学校でも行っています。子どもたちのコンピュータリテラシーが高まっています」などと話し始めたとしたら、どうでしょうか。

　このように相手の発言を奪ってしまうと、その受験者に失礼であるばかりでなく、面接官の評価も限りなく低くなるに違いありません。相手の話にきちんと耳を傾けることは、管理職に必要な資質の1つです。最後まで他の受験者の意見をしっかりと聞いてから、自分の意見を述べましょう。

◆まず結論を話し、理由はその後で述べる

　「信頼される学校づくりについて、集団討論をしてください」というような課題が示されたとします。次のうち、どちらがよい発言の仕方でしょうか。

> 受験者 A　信頼される学校とは、児童からも保護者・地域からも信頼される学校です。信頼されると学校での教育活動がとてもやりやすくなるので、信頼されることは大切です。信頼されるには、学校での様子を学校だよりなどでしっかりと発信していくことだと思います。
>
> 受験者 B　信頼される学校とは、教育課程をしっかりと実践する学校だと思います。学校は、教育課程の実践がきちんと行われれば、子どもたちが成長し、保護者の信頼を得られるからです。

　もちろん、受験者Bのほうがわかりやすい発言です。それは、結論を先に話し、理由を後から述べているからです。受験者Aの発言も次のように話せば、他の受験者にもよくわかるようになります。

> 受験者 A　信頼されるには、学校での様子を学校だよりなどでしっかりと発信していくことが大切です。そうすれば学校での子どもたちの様子がよくわかり、保護者・地域から信頼されます。信頼が得られると、学校での教育活動はとても進めやすくなります。

8 〈集団討論〉 興奮しない、傷つけない

◆否定発言に対して、絶対に興奮しない

集団討論では、自分の発言を他の受験者から否定されることもあります。

> **受験者 A** 信頼される学校を目指すからといって、1週間も学校公開をする
> のは、教職員の負担を考えるといかがなものかと思います。
>
> **受験者 B** でも、1日だけの学校公開では、仕事を持っている保護者は見に
> 来られないと思います。それに地域の人にも校内の様子を見ても
> らうためには、私は絶対に1週間の公開が必要だと思います！

こんなとき、受験者Bのように、興奮して話すのはよくありません。
落ち着いて、ゆっくりと構えて、冷静に発言します。

> **受験者 B** 1週間の公開は教職員の負担になるとのご指摘ですが、普段通り
> の授業を展開していれば大丈夫だと思います。保護者や地域の人
> も、普段の学校の様子を見て、よい教育活動をしていることがわ
> かれば、信頼感を持ってくれると思います。

冷静さ、落ち着いた受け答えが、面接官の印象をよくするはずです。

◆相手を傷つける発言はしない

討論している相手を傷つけたり、攻撃したりする発言は、絶対にしては
いけません。
例えば、「本県の教育プランを教職員にどのように浸透させたらよいか、
集団討論をしてください」というような論題が与えられたとします。

> **受験者C** 夏休みの校内研修の中で、全員で確認していきたいと思います。
>
> **受験者D** 今のCさんの発言ですが、それでは1学期中は、今までの古い考えで行うことになり、遅過ぎると思います。そんなことは絶対に間違っていると思います。

　この受験者Dの発言はどうでしょうか。「絶対に間違っている」などと評価するのは相手に失礼ですし、「管理職になっても、このような態度で学校運営を行うのだろうか」と面接官に思われ、受容力や包容力がないと評価されてしまうはずです。発言内容に問題がある場合には、自ずと面接官の採点が低くなるわけで、受験者が判断する必要はありません。

◆学校教育であまり使われない言葉は使わない

　集団討論で最も困ることは、学校教育であまり使われない言葉を使って発言されることです。集団討論での発言は、あくまでも学校教育で普通に使われている言葉に限定する必要があります。

　「子どもたちがけがをしないように注意するには、視覚に訴えることが必要です。例えば、メラビアンの法則によれば……」などと言われたら、面接官や他の受験者はどう感じるでしょう。法則名などを出すことで、ユニークさを出したいと思ったのかもしれませんが、これでは集団討論になりません。集団討論に参加している受験者が「メラビアンの法則」を知らなかった場合には、その後発言するのが難しくなってしまうからです。本人しかわからないことは、発言してはいけないのです。こうした発言をすると、他の受験者と討論がかみ合わなくなりますし、「こういう発言の後は、自分も何か変わったことを言わないといけない」などと他の受験者が考え、発言が極端に少なくなることもあり、面接官の評価は当然低くなるはずです。

　集団討論では、学校教育現場で普通に使われている言葉で、課題解決の最良の策を見つけ出すことが大切です。

●著者紹介

久保田正己（くぼた・まさみ）

学校管理職試験研究会会長
1948年埼玉県生まれ。東洋大学経営学部卒。大学卒業後、金融機関に勤務したあと、1975年に埼玉県の小学校教員になる。39歳で教頭試験に合格、42歳で教頭、44歳で校長試験に合格、47歳で校長となり（教頭・校長ともに当時県下最年少で着任）、教頭5年、校長13年の学校管理職生活を送る。学校管理職試験研究会を組織し、多くの校長・教頭試験合格者の育成を図る。
学校安全の普及と向上への貢献から、平成20年度文部科学大臣賞表彰。
著書に『学校管理職試験 採点者の心をつかむ！ 合格論文の全技術』、『学校管理職試験 法規の攻略法〈第1次改訂版〉』（以上、学陽書房）、『校長・教頭（副校長）・主任の実務』（小学館）などがある。

学校管理職試験　判定者の心をつかむ！
面接合格の全技術

2022年6月23日　初刷発行
2023年9月5日　2刷発行

著　者　久保田正己
発行者　佐久間重嘉
発行所　学 陽 書 房
　　　　〒102-0072　東京都千代田区飯田橋1-9-3
　　　　営業部／電話　03-3261-1111　FAX　03-5211-3300
　　　　編集部／電話　03-3261-1112
　　　　http://www.gakuyo.co.jp/

ブックデザイン／佐藤　博
DTP制作／ニシ工芸
印刷・製本／三省堂印刷

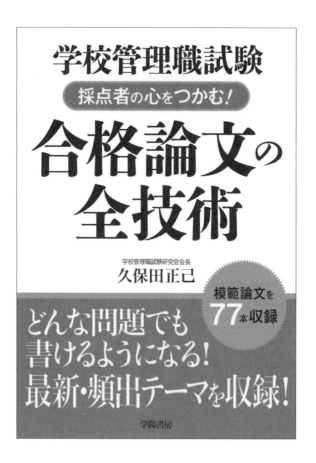

学校管理職試験　採点者の心をつかむ！
合格論文の全技術
久保田正己［著］
A５判並製　定価＝2,750円（10％税込）

◎論文の書き方を徹底的に詳しく解説！
学校管理職試験の論文添削指導を行い、多数の合格者を輩出してきた
著者が、合格論文を書くための技術のすべてを解説！「令和の日本型
学校教育」「個別最適な学びと協働的な学び」「GIGAスクール構想」
等の最新・頻出テーマも収録した、学校管理職論文対策の決定版。

信頼される所見文は ココ が違う！

中学校

通知表文例集

梶田叡一［監修］ 古川 治・杉浦治之［編著］

3観点の
新しい学習評価に対応！

（ 一人ひとりの生徒に合った
所見文が書けるようになる！ ）

学陽書房

信頼される所見文はココが違う！
中学校通知表文例集
梶田叡一［監修］古川治・杉浦治之［編著］
Ａ５判並製　定価＝2,090円（10％税込）

◎3観点の新しい学習評価に対応！
一人ひとりの生徒に合った所見文が書けるようになる！　新しい学習評価に対応した通知表所見の書き方について、「NG文例」「OK文例」を掲載し、それぞれの所見文のどこがイマイチで、どこがピカイチなのかを明快に解説。生徒のどこに着目し、どう記述すればよいかわかる！

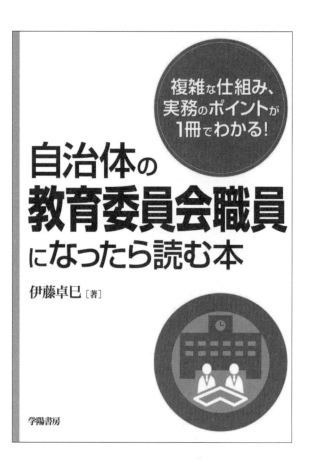

自治体の教育委員会職員になったら読む本

伊藤卓巳 ［著］

Ａ５判並製　定価＝2,750円（10％税込）

◎指導主事の方にもおすすめの１冊！

異動で配属された職員に向けて、教育委員会事務局の役割を正しく理解
し、適切に事務処理を行うための基礎・基本を詳解。首長部局・学校現
場との違いに戸惑う担当者をサポートする１冊。指導主事として配属さ
れた教員にも役立つ！